省际交界区
空间结构形成演进与优化整合

曾 冰 ◎ 著

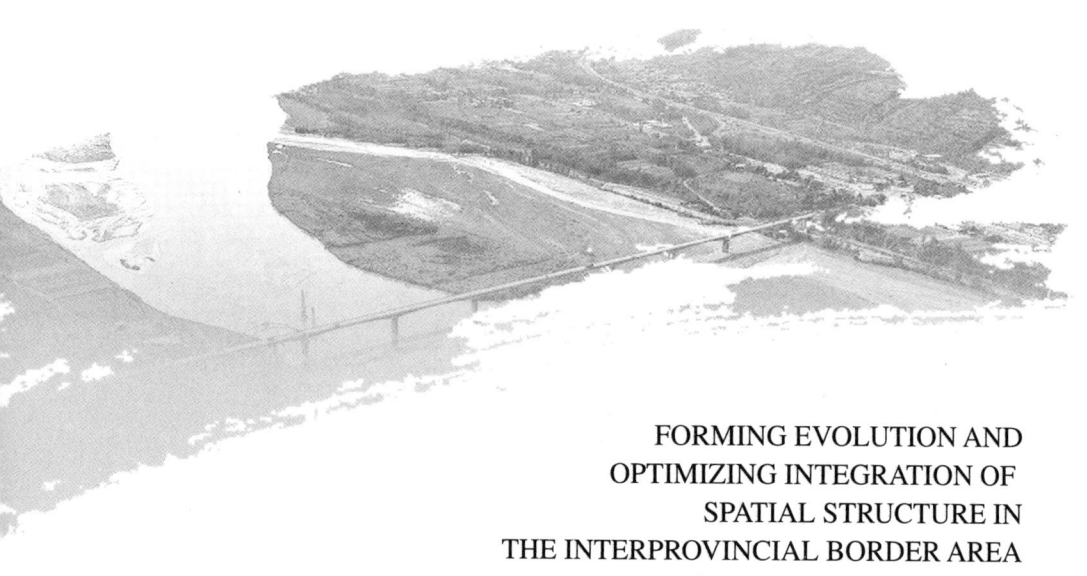

FORMING EVOLUTION AND
OPTIMIZING INTEGRATION OF
SPATIAL STRUCTURE IN
THE INTERPROVINCIAL BORDER AREA

图书在版编目(CIP)数据

省际交界区空间结构形成演进与优化整合/曾冰著. —北京：经济管理出版社，2023.11
ISBN 978-7-5096-9474-9

Ⅰ.①省… Ⅱ.①曾… Ⅲ.①区域经济地理—研究—中国 Ⅳ.①F129.9

中国国家版本馆 CIP 数据核字（2023）第 224766 号

组稿编辑：魏晨红
责任编辑：魏晨红
责任印制：黄章平

出版发行：经济管理出版社
　　　　　（北京市海淀区北蜂窝 8 号中雅大厦 A 座 11 层　100038）
网　　址：www.E-mp.com.cn
电　　话：（010）51915602
印　　刷：北京市海淀区唐家岭福利印刷厂
经　　销：新华书店
开　　本：720mm×1000mm/16
印　　张：11.75
字　　数：184 千字
版　　次：2023 年 12 月第 1 版　2023 年 12 月第 1 次印刷
书　　号：ISBN 978-7-5096-9474-9
定　　价：68.00 元

·版权所有　翻印必究·
凡购本社图书，如有印装错误，由本社发行部负责调换。
联系地址：北京市海淀区北蜂窝 8 号中雅大厦 11 层
电　话：（010）68022974　　邮编：100038

前　言

省际交界区是我国经济发展版图中一类极其特殊的区域。目前，我国共有34个省级行政区，66条省级行政区陆路边界线，总长5.2万千米，在这些边界两侧共分布着849个县级行政单位，这类区域面积约占全国总面积的47.9%。并且，这类区域大多处于各省经济体系的末梢，是区域发展战略的低谷区，深受生态问题、民族问题等的困扰，具有欠发达性、不协调性和不可持续性的发展特征。然而省际交界区作为我国区域协调合作的前沿阵地，却具有不对称、不占优的空间结构初始条件。我国省际交界区空间结构的发展实践，既缺乏可参照的国际经验与理论，也无法比照发达地区的相关理论与实践，而基于省际交界区空间结构的理论研究才开始起步，无论是数量、深度还是研究方法都比较单薄。本书从空间结构视角出发，采用新经济地理学分析框架，构建省际交界区空间结构形成演进的数理模型，并根据模型的均衡结果进行比较静态分析与特别动态分析，从集聚扩散、中心边缘和中介屏蔽三个层面探讨省际交界区空间结构形成的过程原理、驱动机制以及阶段性表现特征。同时选取代表性省际交界区，结合空间探索性分析方法、社会网络分析法、空间计量经济方法等分析空间结构的共时性、历时性、形态化，并对其空间结构的经济效应及影响因素加以比较分析。在理论分析和实证分析的基础上，剖析省际交界区空间结构优化整合的背景、内涵和模式，提出我国省际交界区空间结构优化整合的对策与实施路径。具体来看，本书共分九章，相应的结构安排如下：

第一章为绪论。主要阐述本书的相关研究背景，简要说明研究的理论意义与现实意义、研究目标和研究内容、研究方法与技术路线，以及本书的框架结构和可能的创新点。

第二章为文献综述。本章主要分为两大部分：一部分主要梳理空间结构以及国内外关于交界区方面的文献。另一部分采用计量可视化分析工具及CiteSpace工具对国内省际交界区研究文献的基本面、热点与趋势进行文献计量分析。

第三章为概念范围与理论基础。本章首先从边界与省界的概念来延伸出省际交界区的概念，进而根据省界的特征对省际交界区的空间范围进行界定和规范，并重点区分省际交界区、省际边缘区、省际毗邻区等概念。同时，重点阐述后文研究分析中所涉及的中心外围空间结构、点轴空间结论等经典空间结构理论。

第四章为我国省际交界区的历史演化与发展现状。本章借助历史唯物主义分析方法，以行政区和经济区的基本范畴为出发点，将两者之间发展关系变化的时间序列作为研究主线，揭示省际交界区发展变化规律及趋势，从而更深刻地理解省际交界地区的发展情况。同时，对我国省际交界区类型划分、特征体现及经济发展情况等基本情况进行客观描述。

第五章为省际交界区空间结构形成演进机理。采用较为前沿的新经济地理学作为分析框架，结合省际交界区自身特殊性，通过引入新的变量和放松原有的假定条件进行拓展分析，主要从集聚扩散、中心边缘与中介屏蔽三大机制分析省际交界区空间结构形成演进机理，并总结出省际交界区空间结构阶段性表现特征：节点状离散发展阶段→点轴状发展阶段→放射串珠状发展阶段→轴辐网络状发展阶段。

第六章为省际交界区空间结构实证分析。本章选取湘鄂赣省际交界区作为代表性案例区域，从空间格局与网络结构层面对其空间结构展开定量化分析。首先，在空间格局层面，借助前沿的夜间灯光数据从空间差异性、空间方向性、

前言

空间趋势性、空间关联性等层面展开具体分析。其次,在网络结构层面,考虑边界自然属性,对重力模型进行修正并刻画经济联系,借助社会网络分析方法从整体网络结构和个体网络结构两个层面实证研究湘鄂赣省际交界区经济网络空间结构。最后,从劳动投入、资本投入、教育发展、交通水平、政府作用等方面,借助地理加权回归进一步分析湘鄂赣省际交界区空间结构演化的驱动机制。

第七章为省际交界区空间结构的经济效应分析。以湘鄂赣为例,在空间结构定量分析的基础上,进一步分析省际交界区空间结构的经济效应变化。首先,将特定的省际交界区空间结构转化为空间权重矩阵,从而借助空间杜宾模型来识别空间结构的经济效应;其次,从整体网络结构、个体网络结构两个方面,将网络密度、网络等级度、网络效率三个整体网络结构特征指标作为解释变量,以及各县域点度中心度、接近中心度、中介中心度等个体网络特征作为解释变量分别进行OLS回归,实证考察省际交界区空间关联网络结构对湘鄂赣省际交界区经济发展及其地区差异的影响。

第八章为省际交界区空间结构优化整合分析。结合理论机理与实证分析结果,对省际交界区空间结构优化提出了四个层面的具体路径,并针对湘鄂赣省际交界区给出了具体的空间优化路径:一是壮大节点,实施多核牵引的省际交界区多中心空间结构战略;二是打造轴线,以大通道战略促进省际交界区轴线的耦合发展;三是融合域面,实施省际交界区多枢纽轴辐式空间结构战略;四是突破边界,打造省际经济开放合作的前沿阵地。

第九章为结论与展望。本章对全书进行了总结,得出了主要的研究结论,并指出了研究的不足以及未来的努力方向。

当前,我国正处于社会结构转型、经济结构转型调整重大变革机遇期,省际交界区空间结构的研究与优化既是顺应这种大变局的客观要求,也是促进我国区域科学发展的重要研究领域之一。希望本书的研究能拓展区域科学研究领域并丰富区域经济发展理论内涵,填补省际交界区空间结构和边界经济学研究理论的空白。本书为笔者主持的国家自然科学基金项目——"省际交界区空间结构形成演进与优化整合研究"(71703061)的重要集成成果。由于笔者水平有限，本书不足之处在所难免，敬请各位读者批评指正。

曾冰

2023 年 7 月

目 录

第一章 绪论 ··· 1

　　第一节 选题背景及研究意义 ·· 1
　　第二节 研究目标和研究内容 ·· 5
　　第三节 研究方法与技术路线 ·· 9
　　第四节 创新点 ··· 12

第二章 文献综述 ··· 13

　　第一节 文献梳理 ··· 13
　　第二节 文献计量分析 ··· 21

第三章 概念范围与理论基础 ··· 27

　　第一节 概念范围 ··· 27
　　第二节 理论基础 ··· 32

第四章 我国省际交界区的历史演化与发展现状 ··································· 47

　　第一节 我国省际交界区的历史演化 ······································· 47
　　第二节 我国省际交界区的基本情况 ······································· 52

第五章 省际交界区空间结构形成演进机理 …… 62

第一节 模型构建 …… 62

第二节 集聚扩散机制与省际交界区空间结构 …… 67

第三节 中心边缘机制与省际交界区空间结构 …… 71

第四节 中介屏蔽机制与省际交界区空间结构 …… 73

第五节 省际交界区空间结构阶段性特征 …… 79

第六章 省际交界区空间结构实证分析：以湘鄂赣为例 …… 81

第一节 研究区域 …… 81

第二节 湘鄂赣省际交界区空间格局分析 …… 83

第三节 湘鄂赣省际交界区网络结构分析 …… 94

第四节 湘鄂赣省际交界区网络结构的驱动机制分析 …… 108

第七章 省际交界区空间结构的经济效应分析：以湘鄂赣为例 …… 116

第一节 湘鄂赣省际交界区整体空间结构的经济效应 …… 116

第二节 湘鄂赣省际交界区空间结构特征发展的经济效应 …… 127

第八章 省际交界区空间结构优化整合分析 …… 133

第一节 省际交界区空间结构优化的内涵 …… 133

第二节 省际交界区空间结构优化的目标 …… 134

第三节 省际交界区空间结构优化整合的重点路径 …… 135

第九章 结论与展望 …… 157

第一节 研究结论 …… 157

第二节 研究展望 …… 159

参考文献 …… 161

第一章 绪论

第一节 选题背景及研究意义

一、选题背景

当仔细查阅我国经济发展版图时，会发现有一类区域显得极为特殊，即以省级行政边界为起点，并向行政区内部横向延展一定宽度、沿边界纵向延伸的窄带型区域，称为省际交界区。这类区域大多处于各省经济体系的末梢，是区域发展战略的低谷区，深受生态问题、民族问题、扶贫开发问题等的困扰，呈现一种欠发达性、不协调性和不可持续性发展特征。目前，我国共有34个省级行政区，66条省级行政区陆路边界线，总长5.2万千米，在这些边界两侧共分布着849个县级行政单位，这类区域面积约占全国总面积的47.9%。自元朝实行行省制以来，在原有山川形便的基础上设立省的管辖范围，一些区域多以江河山脉为天然边界，另一些区域则以地形"犬牙交错"的原则划分界限。以这两条原则划分出来的省界地区因位置偏僻、交通不便等造成经济较为落后。但并非所有的省界都如同天堑，在一些自然环境与人文环境较为优越的省际交界区，由于自然资源等要素禀赋的集聚，通常蕴含着丰富的经济资源，如矿产、旅游和生物资源，但经济发展被边缘化，这种长时期"富饶的贫困"令人惋惜。此外，省际交界区在地理空间上远离省域经济中心，由于省界和边缘区位的约束和影响，其受到核心区的辐射带动作用微弱，难以得到政府应有的资金及政策支持，基础设施和公共服务设施建设投入匮乏，区域社会经济发展受限。2019年省际交界区人均GDP仅为全国平均水平的69%，第二、第三产业增加值占GDP的比重与全国相差14.05个百分点，省际交界区缺乏持续有效的内生动力。

党的二十大报告指出，要促进区域协调发展，深入实施区域协调发展战略、区域重大战略、主体功能区战略、新型城镇化战略，优化重大生产力布局，构建优势互补、高质量发展的区域经济布局和国土空间体系。作为新时代国家重大战略之一，实施区域协调发展战略成为加快构建新发展格局、着力推动高质量发展的重要内容。随着重大区域发展战略的持续推进，城市群、都市圈成为区域协调发展的重要空间载体。省际交界区作为省际合作的前沿阵地，是推动区域协调发展的桥头堡。但受我国空间分布广泛、资源条件差异大、合作机制不健全等因素的影响，省际交界区依旧面临着区划分割程度较深、空间协调难度较大、统筹发展难点较多等问题，这是推动我国区域协调发展的突出短板和薄弱环节。2020年5月，中共中央、国务院印发的《关于新时代推进西部大开发形成新格局的指导意见》明确指出，要加强西部地区与东中部地区的互惠合作，重点支持省际交界区建立健全协同开放发展机制；2021年，《中共中央 国务院关于新时代推动中部地区高质量发展的意见》明确提出，要推动省际协作和交界地区协同发展。2023年1月，习近平总书记在中共中央政治局第二次集体学习时强调，"要全面推进城乡、区域协调发展，提高国内大循环的覆盖面""打消区域壁垒，真正形成全国统一大市场"。推进这一特殊类型区域的发展，既是我国区域协调发展研究的新命题，又是区域统筹协调发展的热点和难点，更是加快全国统一大市场建设的重要环节以及提高国内大循环覆盖面的重要突破口。省际交界区空间结构在理论和实践上均表现出一定的特殊性和典型性，基于此，本书从空间结构理论视角系统识别和梳理省际交界区域发展的态势与特征，探讨省际交界区空间结构的发展与演进特点，总结其特殊模式和优化战略，力争将地理上处于"边缘地带"的省际交界区域打造成高质量跨界一体化发展的重要阵地，为全面促进省际交界区空间结构优化、制定精准的省际交界区域发展政策提供决策参考。

二、研究意义

省际交界区是全面建成小康社会后巩固拓展脱贫攻坚成果与乡村振兴有效衔接的关键地区，也是扎实推动共同富裕、实现社会主义现代化目标的重要地区（刘敏等，2022）。本书从省际交界区空间结构优化视角出发，研究空间结构的形成演化、驱动因素、优化整合，从理论和实践层面来看，具有以下研究意义：

（1）从空间结构形成演进与优化整合视角出发，来理解省际交界区经济增长和可持续发展，拓展了区域科学研究领域，丰富了区域经济发展理论内涵。

空间结构是经济活动在地理空间上的投影和区域经济发展状态的重要指示器。合理的空间结构能够实现区域生产要素的合理流动，推动区域经济结构调整和优化，实现良好的经济效益。在区域经济发展过程中，其空间结构关系到经济资源在空间的配置和经济活动的空间区位，也关系到能否有效克服地理空间对经济活动的约束、降低成本、提高经济效益，是判断区域发展是否科学、健康、有序、可持续的重要标尺。区域空间结构理论把处于一定范围内的有关事物看成具有一定功能的有机整体，具有较高的抽象性和"综合"及"整体"的特点，并需要深入地刻画经济客体运动、分布的实际状态，对区域发展和规划有直接的参考意义。省际交界区是一个各类矛盾突出、社会经济发展不均衡、发展初期无序性的特殊区域，能否实现可持续发展，归根结底在于省际交界区空间结构能否实现优化整合。虽然我国关于空间结构的研究已经取得了阶段性成果，但主要集中在发达地区和城市等地理空间的相对静态的观察，基于省际交界区空间结构的研究才开始起步，无论是在数量上还是深度或者方法上都比较淡薄。我国省际交界区空间结构的实践，既缺乏可参照的国际经验与理论，也无法比照内地或发达地区的相关理论与实践，但省际交界区空间结构形成演进、形态化分析、优化整合等，亟须我们及时地加强总结和判断；在不同的发展阶段，省际交界区空间结构的形成和演变的影响因素的具体特点，其形成过程、演变机理和演进趋势，需要我们科学地进行预测和比较；不同类型省际交界区空间结构的区域个性和演变过程、演变动力机制是否一致，需要我们及时地进行梳理和研究。因此，针对我国省际交界区空间结构发展的特殊性进行实践总结和理论研究，无论是对中国的实践探索还是世界的空间结构研究都具有十分重要的意义，是一个兼具时代需求价值和学术探索价值的研究命题。不仅必要，还很迫切，而且可行。

（2）从新经济地理学分析框架出发理解省际交界区空间结构的形成演进与驱动机制，为空间结构分析提供一种内生性分析视角，弥补现有研究对省际交界区空间结构形成与演化认知不足的问题。

新经济地理学是近二十年来继新产业组织理论、新增长理论和新贸易理论之后的关于收益递增假设应用于经济研究的又一个新领域，被称为经济学研究"最后的前沿"。传统空间结构理论拒绝模型化，理性选择均衡模型，缺乏对微观经济基础市场结构的具体描述，对局部进行修补是无济于事的。新经济地理学是以一种思考和模型化经济活动空间聚集的方法出现的，其视初始禀赋为控制变量，即把后天条件分离出来成为经济空间活动的主要变量，使用主流的建模和一般均衡分析方法，使经济活动获取了空间维度的窗口，从而为空间结构演化提供了内生性分析思维，其有效地考察了空间结构形成演进现象及其与各种历史、现实因素的内在关系，致力于从理论上揭示空间结构形成演进现象背后共同的内在规律、经济学机制及其起作用的外在环境。

在省际交界区空间结构研究方面，多为实证层面的技术性分析，对省际交界区经济增长的空间过程研究得不深入，把空间结构内在机理变化视为"黑箱"是导致省际交界区空间结构理论滞后与实践层面受阻的根本原因。本书以新经济地理学为分析框架，重塑省际交界区经济景观，积极应答"省际交界区

第一章 绪论

空间的本质特征、形成演变机理、驱动机制、优化整合模式"等问题,为缩短省际交界区发展的无序期、统筹区域协调发展提供理论支撑,推动空间结构研究走向动态化、定量化、多尺度化、多视角化,并填补省际交界区空间结构和边界经济学研究理论的空白。

(3) 明晰"要素—机理—机制—比较—模式—对策"的传导机制,从空间结构优化整合视角切入为中央政府和地方政府制定政策提供理论依据和实施方案。

省际交界区如何结合区域协调发展背景进行新增长极的培育、内部空间关系的优化、空间结构的调控,是新常态背景下各级政府部门和学者应该关注的问题。目前,我国正处于社会结构转型、经济结构转型的重大变革机遇期,省际交界区空间结构的研究与优化既是顺应这种大变局的客观要求,也是促进我国区域科学发展的重要手段。因此,加强省际交界区空间结构优化整合,既有利于探索区域发展和扶贫攻坚新机制、新体制和新模式,有效推进全面建设小康社会目标,也为国家空间经济布局和制定区域协同发展战略提供了科学依据。同时,有助于对省际交界区空间结构演进进行科学判断,进而指导省际交界区的经济资源合理利用,推进省际交界区有序发展、经济顺利转型,并促进省际交界区经济、社会与文化的协同发展。

第二节 研究目标和研究内容

一、研究目标

以省际交界区空间结构形成演进与优化整合为选题,按照"机理—实证—调控"的思路,对省际交界区空间结构形成演进的作用机理进行深入分析,从而有针对性地设计省际交界区空间结构优化整合的实现路径,以期补充和完善省际交界区空间结构的理论研究,为优化省际交界区要素空间优化配置、为各级政府制定和完善经济发展规划及政策提供科学依据。本书力图在理论与实践两个层面上实现以下研究目标：

一是"是什么"，即揭示省际交界区空间结构形成与演化的内在规律。概括总结省际交界区的深层次本质特征，提出省际交界区空间结构形成演变机理和有序协调发展策略的系统分析思维框架，运用新经济地理学分析框架构建判断和描述"省际交界区空间结构"的状态参数，提出从集聚扩散、中心边缘和中介屏蔽三个层面揭示省际交界区空间结构形成演变机理的基本框架及其分析方法。

二是"怎样变"，即探讨代表性省际交界区空间结构演化过程的一般规律与发展特征。以湘鄂赣省际交界区为阶段性代表区域，从空间结构演变的共时性、历时性及其形态变化探讨空间结构总体特征与形态化特征变化，既为理论观点和理论框架提供了佐证，也厘清了省际交界区空间结构的演进过程。

三是"为什么"，即探讨省际交界区空间结构演化的经济效应及其影响因素。在空间结构定量分析的基础上，进一步研究省际交界区空间结构的经济效应变化。同时，结合省际交界区空间结构驱动机制，构建计量模型，识别省际交界区空间结构形成演进的影响因素。

四是"怎么办"，即明确省际交界区空间优化整合的目标定位与实现途径。从空间整合的视角，讨论省际交界区未来发展的空间问题。根据省际交界区发展演化的空间格局、实践过程的特征和规律，进一步明确省际交界区空间整合的目标定位、整合原则、整合内容、实现途径及整合战略，为省际交界区的空间结构优化提供决策参考。

二、研究内容

1. 理论机理

（1）一般性理论框架。区域空间结构是区域产业、要素与职能分布的地域投影及空间组织形式，通过集聚与扩散在空间上的交替作用，强化了区域之间的交流方式与强度，从而加强各区域之间、各区域与相互辐射区域的互动联系，以及区域格局的空间高级化演变。本书以较为前沿的新经济地理学为分析框架，结合省际交界区自身特殊性,通过引入新的变量并放松原有的假定条件进行拓展分析,有利于分析省际交界区空间结构形成的演进机理。

(2)一般性理论框架的具象化。数值模拟只是空间经济活动的一种仿真,还需要进一步进行具象化,本书从三个层面进行分析:一是通过集聚与扩散机制分析省际交界区空间结构形成与演进的"点—轴—网"过程机理,即省际交界区中心地发展阶段、点轴发展阶段、轴辐式网络发展阶段;二是从中心与边缘的角度探索省际交界区内部存在的核心—边缘空间结构,以及省际交界区同周边核心地区存在的核心—边缘空间结构;三是从省际边界的中介与屏蔽效应维度,阐述省际交界区空间结构由分散式耗散走向有序化均衡发展。同时,结合三大机制阐述省际交界区空间结构阶段性表现特征。

2. 实证分析与比较分析

(1)空间结构的可视化展示。探索性空间数据分析(Exploratory Spatial Data Analysis,ESDA)是目前结合地理信息系统(Geographic Lnformation System,GIS)相关技术使用较为成熟的时空分析方法,可以通过图形、图表等可视化工具对研究结构单元的空间集聚、空间异质性和变化趋势进行直观的展示,深度挖掘数据分布的潜在关系,并对指标进行精确拟合。本书利用ArcGIS软件对省际交界区空间结构进行可视化展示。

(2)省际交界区空间格局总体特征的历时性和共时性分析。考虑到我国省际交界区的空间差异与阶段特征,本书选取具有代表性的省际交界区,采用前沿的夜间灯光数据表征经济发展水平。着重分析省际交界区经济空间结构形成与演进的历时性过程,运用"重心"方法、空间探索性分析法、空间趋势性与空间方向性特征分析法,研究省际交界区经济发展的内部重心、差异性、方向性结构等的变化趋势,厘清省际交界区空间结构形成与演进的整体轨迹。

(3)省际交界区网络结构的定量分析。本书采用夜间灯光数据表征经济发展水平,考虑到边界的自然属性,对重力模型进行修正并刻画经济联系网络,借助社会网络分析方法从整体网络结构和个体网络结构两个层面进行研究,并借助网络密度、网络中心性、凝聚子群和核心—边缘和结构洞等指标刻画、实证研究湘鄂赣省际交界区经济网络空间结构。

（4）省际交界区空间结构的经济效应分析。完善和深化空间结构的研究框架，即在"内涵特征—机理—机制"研究范式的基础上增加"效应"研究视角，揭示"空间结构—经济效应"的数值关系。各个时间断面空间结构指标对经济效应的影响和作用是不同的，故本书从历时性角度，采用空间杜宾模型以及OLS回归分析法探讨空间结构指标影响经济效应的路径和变化特征。本书将特定的省际交界区空间结构转化为空间权重矩阵，借助空间杜宾模型来识别空间结构的经济效应；OLS回归选取上述关于网络结构特征测度指标（如网络密度、中心度等）作为自变量，尝试用前沿的DMSP/OLS夜间灯光数据表征经济发展情况，开展更加精细的定量化研究，该数据既为空间经济活动提供了传统统计方式之外的社会经济因子反演途径，也为已经获得的传统统计数据提供了验证手段。

3. 对策与实施路径

区域空间结构优化整合是一种消除区域空间结构现实状态与可能的预期状态的偏差，进而引导空间结构向有序化、高效化方向演进的手段。本书结合湘鄂赣省际交界区的发展情况与分析结果，具体设计出相应的实施路径。逻辑路线如图1-1所示。

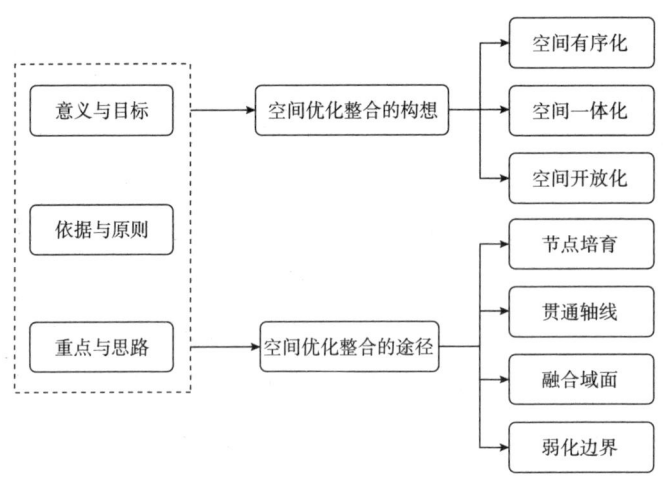

图1-1 区域空间结构优化整合的逻辑路线

资料来源：笔者根据相关资料整理。

第三节 研究方法与技术路线

一、研究方法

省际交界区是一个开放的、非均衡的系统,考察区域系统的时空演化内在规律和发展趋势,利用经济地理学、区域经济学、制度经济学、城市经济学、计量经济学等理论方法研究区域问题及其时空演化过程,探讨区域系统的未来发展模式及其空间演化的可能途径,需要运用数据调查研究、数理分析、计算机模拟等研究方法。本书采取以下具体的研究方法。

1. 演绎与实证结合方法

演绎是根据已知的理论和定理,通过对事物之间的逻辑联系推导出结论。这种方法强调推理,偏重思辨,具有论证严密和思路清晰的特点。本书运用演绎的方法对省际交界区空间结构要素、空间结构形成的动力机制、阶段和影响机理等进行研究。实证是一种经验检验的方法,即运用一些实际材料去印证观点和结论。本书在许多章节运用了实证分析方法,以代表性区域为例,对省际交界区空间结构的演进进行了深入的分析,验证和归纳相关理论的应用价值和适用范围,以丰富和完善相关理论,为省际交界区空间结构的发展和优化提供了指导性意见。

2. 数理分析方法

数理分析是进行区域经济空间结构研究的重要方法,在很多研究中发挥了作用。在理论分析部分,本书通过建立数理模型,运用系统科学方法动态模拟省际交界区经济空间结构的演进过程及其空间结构调控的仿真效果和实施途径,以此突出空间结构分析的重要性及分析结果的科学性,并反过来解释区域经济空间结构的形成及演变。在实证分析部分,本书从网络结构视角重新审视省际交界区的空间网络关联，构建修正的引力模型确定省际交界区空间关联关系并建立网络，在此基础上，运用社会网络分析方法（Social Network Analysis，SNA）对省际交界区空间关联网络结构及其经济效应进行实证考察。同时，基于柯布—道格拉斯函数，结合空间杜宾模型，将地区间网络关系结构矩阵化，对省际交界区空间结构整体经济网络空间效应展开研究，探寻造成经济空间结构状态变化的主导因素及驱动力。

3. GIS 地理数据处理与空间分析方法

应用 GIS 技术，既能描述区域研究单元的空间关系，也能精准地分析是否存在空间关联性，还能增加可视化表达效果，为把握其演变规律、优化发展模式提供很好的平台。分析省际交界区经济空间结构演变过程和模式是本书研究的重要内容。本书利用 ArcGIS10.0 软件，构建省际交界区空间分析数据库，并将数据分为两类：一类是地理信息数据，包括区域、市域、县域的点图层和面图层，铁路、高速公路、国道、一般道路线图层等 GIS 图层数据；另一类是反映空间单元的经济、社会等统计数据。GIS 可以将这两类数据存储到空间数据库，只要局部数据发生变动或更改，就可以对分析产生实时改变的效果，维持数据库的时效性。此外，GIS 可以进行图层叠加、海量数据处理、信息模拟决策和空间结构的动态演化模拟等，是弥补区域空间结构研究中传统方法缺陷的有效工具。本书借助 ArcGIS10.0 软件中空间趋势性分析、标准差椭圆工具、探索性空间数据分析（ESDA）等，重点揭示了省际交界区的空间相关性和空间集聚等空间特征(见图 1-2)。

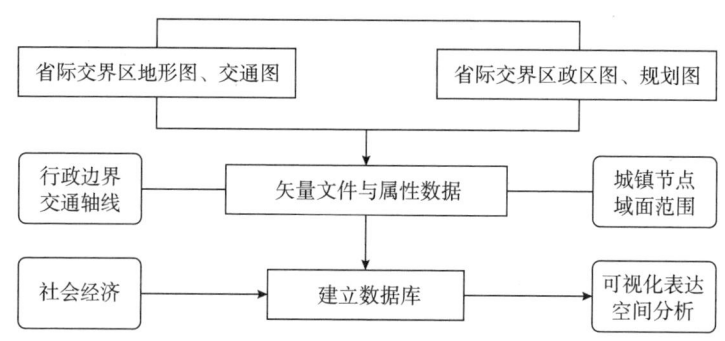

图 1-2　ArcGIS 地理数据处理过程

资料来源：笔者根据相关资料整理。

二、技术路线

本书遵循理论分析—实证分析—应用分析的技术路线展开研究，本书的技术路线如图 1-3 所示。

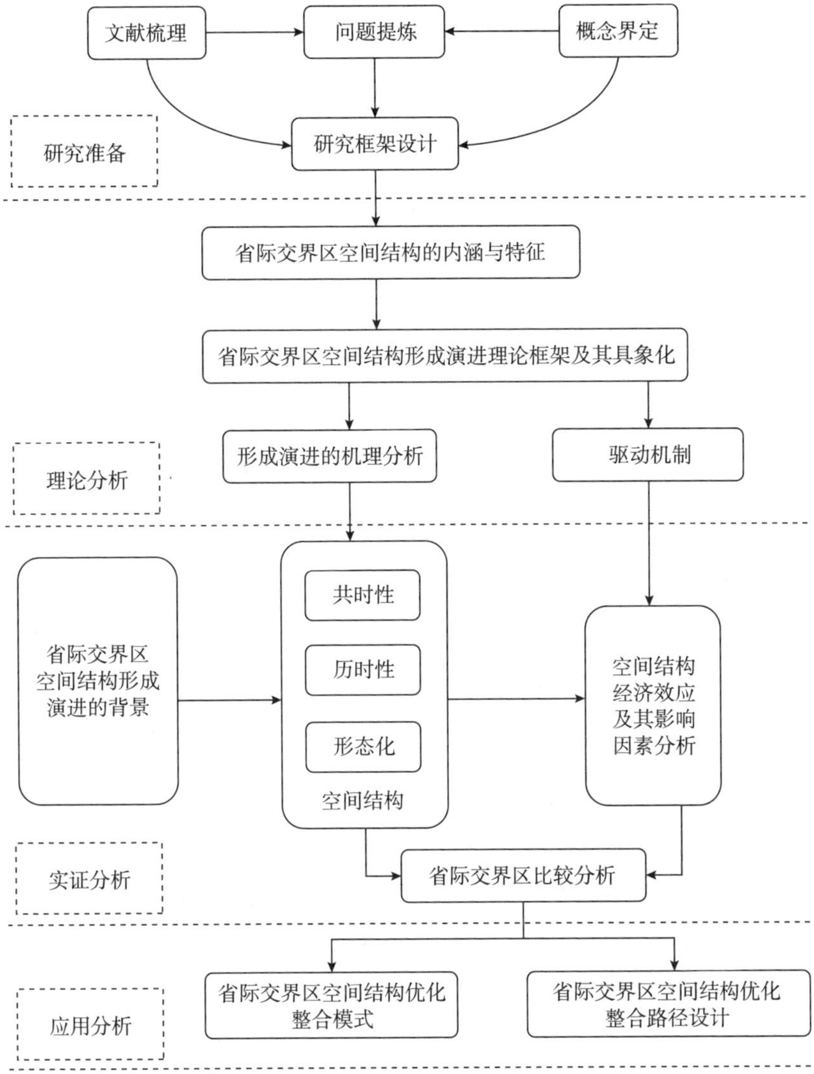

图 1-3　本书的技术路线

资料来源：笔者根据相关资料整理。

第四节 创新点

本书的创新点如下:

首先,将空间结构的研究视角锁定省际交界区这一经济欠发达、区位相对非优、空间个性较强的特殊地区,重点分析了省际交界区经济发展的特殊性;用新经济地理学分析框架对省际交界区空间结构的形成演进机理进行了分析,通过相关数值模拟省际交界区经济发展的不同阶段对应的空间结构演化特征,并从集聚与扩散、中心与边缘、中介与屏蔽三个层面探讨了省际交界区空间结构演化机理与驱动机制,丰富了区域经济学的理论内涵。

其次,本书既侧重从总体上把握省际交界区演化特征,也侧重从空间结构形态上定量研究省际交界区空间结构演化,同时围绕空间结构能否或如何实现经济效益、提升区域竞争力,进行了空间结构经济效应的量化分析。进一步实证分析了代表性省际交界区空间结构的经济效应及其影响因素,集成了空间探索性数据分析、地理加权回归、空间计量经济学及社会网络分析等空间结构研究方法与技术,尤其是用前沿的 DMSP/OLS 夜间灯光数据进行反演,加强了分析的厚实性和评价的科学性。

最后,明晰了"机理→机制→比较→模式→对策"的传导机制,从空间结构优化整合角度为中央政府和地方政府制定政策提供了理论依据和实施方案,从"壮大节点,培育中心""促进交通,打造轴线""拓展腹地,域内一体""消除边界,内外联动"四个方面提出了省际交界区空间结构优化整合的非均衡协调发展模式与路径。

第二章 文献综述

第一节 文献梳理

一、关于空间结构理论的研究

1. 国外关于空间结构理论的研究

从理论渊源来看,区域空间结构的研究始于20世纪30年代的德国,可追溯至传统的区位经济理论,而区域空间结构的概念提出及其理论形成是在20世纪50年代以后。因此,区域空间结构的研究可分为两个阶段,即萌芽阶段和形成阶段。区域空间结构研究的萌芽阶段主要形成了经济区位理论和中心地理论等。约翰·冯·杜能(1986)对农业地域空间分异现象进行了研究和理论总结,创立了农业区位论,用区位理论解释空间经济活动规律。他认为,农产品生产的收益不仅取决于土地的特性,也依赖农业生产活动区位到城市(市场、消费地)的距离,这导致了农业生产活动的地域空间分异,也就是以城市为中心、各种农业生产方式在空间上呈现同心圆结构的农业空间结构模式——"杜能环"。继农业区位论产生之后,随着20世纪初资本主义由自由竞争向垄断竞争过渡,重工业及其他工业在区位上的集中、因铁路运输系统的兴建和国际贸易的增长而引起的工业位移等成为区位论的研究重点。韦伯(2010)通过探讨工业经济的空间活动规律，创立了工业区位论。该理论强调运输指向、劳动指向和集聚指向对工业空间区位选择的影响，涉及区域空间结构研究核心命题的集聚、分散，在某种程度上揭示了经济活动的基本规律以及区域空间结构形成与演变的机制。克里斯塔勒(2010)通过中心地与其商品市场供给区域之间的空间模式的案例创立了中心地理论，认为在市场因素、交通因素和行政因素的制约下，不同等级的中心地从上到下组成了一个规模递减的多边形空间模型。

区域空间结构理论长期受到平衡增长和不平衡增长发展战略的影响。20世纪50年代，佩鲁的增长极理论的提出，引起了学术界对区域间关系问题的关注。许多学者开始从区域相互作用的角度关注区域空间组织问题，区域空间结构研究进入形成阶段。增长极理论认为，经济增长首先发生在增长极上，通过各种方式向外扩散并对整体经济发展产生影响。与此相关的理论包括缪尔达尔的循环积累论、赫希曼的"极化—涓滴"理论、弗兰克等的依赖理论、布鲁克菲尔德的互相依赖理论、罗斯托的增长阶段理论等。而弗里德曼在以上理论的基础上总结了"核心—边缘"理论，Krugman 和 Venables(1995)开创性地将递增报酬与垄断竞争分析工具用于空间经济研究，构建了著名的"核心—边缘"模型(以下简称 CP 模型)。该模型表示，在规模经济和运输成本之间的联系可能导致经济活动空间分布的集聚或分散，经济活动的空间分布最终表现为集聚力(向心力)与分散力(离心力)相互作用并达到复杂的平衡的结果。

2. 国内关于空间结构理论的研究

我国区域经济发展受到的行政范围限制较为严重，地域性生产格局受当地政府的行政管制和制度限制较多，以致地区之间空间联系的自组织性较差，甚至被隔断。因此，我国区域空间结构相关理论的研究落后于西方发达国家。

自20世纪80年代以来，国内的区域经济学家和经济地理学家开始关注区域经济发展状况和形成等问题，这些学者结合中国特色社会主义市场经济理论，针对国内区域经济空间结构理论的研究方向和手段方法也风格迥异。比较有代表性的理论包括：我国著名地理学家陆大道（2001）在克里斯泰勒的中心地理论和德国巴伐利亚州区域规划思想的基础上，提出了具有中国区位特色的"点—轴系统"发展理论，并在此基础上建立了区域经济发展的"T"形结构，预测了未来几十年内的空间发展战略。他认为，我国的第一级发展轴线将以沿海地区和长江流域地区为主，并将点—轴理论应用到我国二十多个省份的国土综合规划，以及部分市级、县级国土综合规划和各级发展改革规划中。著名经济地理学家陈才（1991）将区域经济空间结构理解为人类地域经济活动的空间关联性，即各种物质在地区之间的一种组合形式。同时，他还总结了各种空间结构类型及特征，为研究区域经济空间结构提供了大量的思路和材料。李小建（1999）对区域经济空间结构理论进行了深度研究，从地理学角度提炼出了构成空间结构的基本三要素，即点、线、面，这些基本要素构成了复杂的网络空间结构，通过深入分析空间结构的演变规律和动力机制，总结出区域空间结构的理论体系。郝寿义和安虎森（1999）在《区域经济学》一书中，基于我国经济结构的二元特征，提出了具有中国特色的区域经济空间三元结构理论。曾菊新（1996）在《空间经济：系统与结构》一书中，全面系统地评述了国内外区域经济空间结构研究，并从三个方面解释了区域经济空间结构要素构成：①构成经济空间系统的区位几何要素，由点、线、面形成；②由点、线、面三个几何要素的组合形成的经济空间实体或网络空间结构类型；③在区域空间范围内，生产力要素的流动包括要素转移和交换现象。

二、关于交界区的研究

1. 国外关于交界区的研究

关于交界区的研究，传统区位理论对交界区均有涉及。例如，中心地理论说明了交界区的发展从某种程度来说是市场原则与行政原则对立统一的表现，若按照克里斯塔勒的观点，交界区则完全有可能会形成高等级中心地城市，有完整的中心地体系空间结构，并具有自身的商品范围，但行政原则的切割使这种完整性遭到破坏，商品的经济距离衰减，运输成本提高，从而降低了商品范围,难以形成一个高级别的中心地,最后导致该地区的中心地级别大幅降低,影响了该地区的经济发展。奥古斯特·勒施(1995)把交界区理解为"在复杂困难条件下的经济区",在政治边界与经济边界难以协调时,交界区更易受到政治边界效应的消极影响,扭曲了市场区的发展,抑制了市场活动的扩张。不过,这些传统理论更多将交界区视为不发达的区域和经济活动的障碍。自20世纪80年代以来,随着社会经济的变革,国家交界区的区位条件发生了巨大变化。尤其是日益深入的区域一体化进程为交界区赋予了深刻的经济意义和制度意义,促使相关研究逐渐成为热点。

从现有理论分析来看,埃德加·胡佛(1999)认为,国界的存在会通过关税、贸易壁垒等形式增加国家间的交易成本,使供给和销售网络难以有效运行,从而恶化边境区的市场发展,导致相应的国际交界区发展不足。Giersch(1986)发展了克里斯塔勒和勒施的边境区位理论,认为企业在国内市场发展空间占有率越大,其倾向于边境区迁移和发展的概率就越小,并以欧洲边境区发展情况为案例,发现企业集聚现象发生在国家内部层次上,而在国际层次上表现为明显的离心现象。Niles(1974)认为,国家的运输线路更多呈现与边界方向平行的趋势,同时受关税、非关税壁垒等因素的影响,交界区难以实现自然资源的高效配置,从而影响其经济发展。Hanson(1996)借用新经济地理学模型,推导出贸易自由化和经济一体化对边境区是有利的。在一个闭关锁国的经济体中,其边境区发展会进一步边缘化,难以获得国内与国外企业的入驻。如果该经济体实行贸易自由化和经济一体化,则边境区从国内的边缘区会最终发展成为大尺度区域共同市场的中心区。Venables(1996)通过产业间联系的空间均衡研究发现,国际产业间垂直联系的公司向边境区移动的可能性更大。Rauch(1989)认为,边境口岸城市因其优越的通达性和廉价的劳动力成本,更容易得到国外市场的青睐。这些理论分析大多强调了开放经济环境对国家边境区的积极意义,证明了边境区成为"中心交界区"的可行性。

从案例研究来看,多以美国和墨西哥交界区及欧盟发展为主要研究对象。如Hanson(2001)以贸易理论和区位论为基础分析得出,美国和墨西哥交界区的发展得益于区域贸易安排,其分析了美墨一体化进程是如何影响经济活动的区位,并强调了交易成本的重要性,认为贸易自由化和经济一体化对美国和墨西哥边境地区经济发展产生了显著的促进作用。也有学者并不认可区域一体化对国家交界区的促进作用。Barjak 和 Heimpold(1999)以德国与波兰交界区为例,分析了两国交界区的意义及边界逐渐消除对交界区投资活动和国外贸易的影响,认为,边界清除给交界区邻近国外市场提供了一种区位优势,这种优势增强了交界区经济活性。但是,转轨体制使民主德国存在严重的制度障碍和交通滞后,尽管边界的物理属性有所消除,但仍导致其交界区难以实现更高层面上的突破。不同的交界区呈现出显著的发展差异,从某种程度验证了边界因素的复杂性。

从实证分析来看,国外对交界区的实证研究集中体现在边界效应上。例如,McCallum(1995)曾对美国和加拿大之间的边界效应进行检验,在控制收入规模、距离等因素对贸易的影响后,发现交界区的存在致使一国国内贸易量同该国国际贸易量出现显著差异。Niebuhr(2008)将交界区带来的边界效应分为屏蔽效应和一体化效应两个对立面。Wei(1996)、Helliwell 和 Verdier(2001)进行的大量实证研究显示,尽管全球化和区域一体化进程减弱了边界对贸易的影响,但交界区的屏蔽效应仍显著地存在于国家之间。Redding 和 Sturm(2008)以第二次世界大战后德国的分裂和再统一为自然实验,发现联邦德国靠近民主德国边界的城市,在分裂后经历了较慢的人口增长,而再次统一后实现了较快的人口增长。Yang 等(2022)以重庆直辖市成立为准自然实验,实证检验了川渝交界地带的县市场规模缩减与人口增长减缓之间的关系。

从国外总体研究情况来看,国外直接以行政交界地带尤其是省(州)际为主题的研究较少,对交界区的研究更侧重于国家间的交界区,大多是对边境地区的研究,侧重于边界阻隔性角度,导致研究视角停留在贸易、分工合作上。当然,这些结论为省际交界区的研究提供了借鉴。

2. 我国关于省际交界区的研究

郭荣星(1993)在《中国省级交界区经济发展研究》一书中首次将省际交界地

区作为研究对象，从地理区位、空间组织、行政区划等几个角度分析了省际交界区的经济发展，提出了创立交界区经济学的想法。总体来看，对省际交界区的研究主要从以下几个方面展开：

首先，从省际交界区定义来看，现有文献大多认为，省际交界区是指以省与省之间的边界为参照系，并按一定的关系向各省级行政区内部而延伸出来的区域（陈钊，1996）。但对交界区具体地理范围的划分方法目前还未达成一致，界定原则和方法也具有多样性。有学者主张按照行政区划标准。例如，将县作为基本地域单元来界定范围，并把紧挨省界的县的总和称为交界地区；将地级市作为基本地域单元来界定。也有学者从地理学和经济学角度对省际交界区的地理范围进行了定量界定。例如，周潮等（2011）根据中心城市腹地测度方法，借助 GIS 软件的格网功能和修正后的场强模型测度省际交界区的范围；何龙斌（2013）根据康维斯的断裂点理论，通过城市发展综合指标，测度其吸引范围来确定省际交界区的界线。甚至有些学者参照 WTO 定义的国际边境贸易的空间范围，把省界两侧各 15 千米划分为省际交界地区的地域范围。另外，一些从事文化研究的学者更偏好以经济文化为划分标准，按照省界两侧经济文化联系的紧密程度划分出一定的区域范围作为交界地带，如以藏族文化为核心的川滇藏交界区。目前，我国大多数学者并没有从系统、科学的角度对省际交界区域空间范围给予明晰界定，因此其观点具有一定的主观性，未能形成统一的划分标准，这种地域范围的模糊性限制了省际交界区研究的深化发展。

其次，从理论解释层面来看，主要有行政区经济理论，该理论强调了行政区对辖区经济发展的过度干预作用，导致省际交界区经济边缘化和区域市场分割化。例如，安树伟（2004）在常年对省际交界区调研的基础上，从地方政府、基础设施、区域合作等各个层面对省际交界区的经济活动进行了全面分析，认为省际交界区在行政区经济及边缘化作用下会形成一种特殊的、具有分割性和边缘性的经济现象，并由此提出了行政区边缘经济理论，深化了省际交界区的发展研究。曾冰（2016）认为，省际交界区的发展交织于行政区与经济区对立统一关系的变化中，其以行政区与经济区两者在时间序列上的关系演化为主线，重点探讨了省际交界区经济发展。由于省际交界地区会涉及行政区间利益博弈，周黎安和陶婧(2011)、丁建军和冷志明(2009)、钟昌标和肖庆文(2015)等研究地方政府如何在财政激励、政治晋升锦标赛体制下，对省际交界区中的市场分割和整合进行空间博弈，初步构建了空间博弈理论。另外，一些学者将省际交界区视为一种跨区域性质的次区域联合体，将区域协同发展相关理论作为省际交界区发展的指导理论。也有学者用中心地理论解释分析省际交界区发展，认为省际交界区发展滞后的原因主要在于接受中心地辐射不够且自身中心地规模较小。

再次，从省际交界区的实践分析来看，已有研究一方面注重选取区域个案进行深入研究，既有着眼于单个省份的，如山东、河南、湖南等，也有着眼于省际交界区的，如闽粤湘赣省际交界区、湘鄂渝黔交界区等。另一方面从开发模式、空间结构优化、城镇化、产业发展、制度设计等方面展开研究。王爱民等(2007)认为，省际交界区经济发展关键在于区域间经济协作发展，从区域协作组织机构、企业联合、地方保护等方面设计了相应的发展途径。王凯(2015)对我国省际交界区旅游资源与产业发展特征进行了的分析，认为省际交界区旅游发展应从协同规划、联合开发市场、发展旅游产业集群等方面着手。朱传耿等(2012)对全国省际交界区的产业结构发展进行了研究，发现东部省际交界区产业结构优化度较高，而中西部省际交界区非农产业比重不高，资源密集型产业具有一定的比重。王印传等(2011)分析了省际交界区城镇发展的阶段性特征，探讨并划分了首都经济圈省际交界区城镇发展类型，即竞合型、侵入型与渗透型三类。冷志明(2005)从动力机制、组织机制整合机制等方面设计出了相应的机制，以加强省际交界区经济合作与协同发展。崔继昌和郭贯成(2022)重点分析了淮海经济区省际交界区的城市用地结构的变化与驱动机制。

最后，从省际交界区的特殊性来看，如王忠峰(2006)、郭荣朝(2006)认为，省际交界区具有边缘地性质，并借用生态学中的边缘效应对省际交界地区进行重新界定和类型划分。也有学者考虑到省际交界地区发展中的关键变量——边界所带来的边界效应，如曾冰(2015)以新经济地理学为理论框架，分析了边界效应对省际交界区经济活动在空间上的影响,有利于后续研究理解省际交界区经济滞后性发展。同时,还有学者从省际贸易、经济增长趋同等角度对省际交界区边界效应进行了实证分析,如马光荣和赵耀红(2022)利用栅格级别夜间灯光亮度和公共设施提供数据,分析了省际交界区经济发展的边界跳跃效应和边界洼地效应。近年来,一些学者开始关注到省际交界区环境污染治理的特殊性,如贾先文等(2018)以湘渝黔边区"锰三角"为例实证研究认为,省际交界区跨界环境风险过程管理"遵循"事前因利益引发环境风险隐患,事中诸外部效应"免费搭车",事后多重高压下合作联动的演进过程和逻辑。

三、发展动态分析

通过梳理上述文献可以看出,目前对省际交界区的研究还处于探索阶段,现有研究多为问题导向型研究,缺乏对问题生成机理的有效分析,忽视了对省际交界区域空间结构演变过程及优化路径的研究,相关研究习惯从宏观层面和中观层面去分析,缺少微观基础,过多地停留在区域经济分工协作、协调发展、政府间的利益博弈等层面,对于"为什么省际交界区经济发展会落后"这一问题还没有得到系统的回答,尤其是在分析中心和边缘的空间结构差异时,容易陷入"骑驴找驴"的思维方式,即边缘地之所以落后是因为远于中心地,难以进入辐射范围。却没能深刻探索为什么会形成边缘地,导致研究的针对性和可操作性不强,使省际交界区发展难以得到有效的指导和突破。因此,需要从理论层次深入构建有关省际交界区发展的空间结构理论解释模型。

此外,现有对省际交界区的研究容易产生一种极具诱惑力的倾向,就是将研究视角从"这是什么"偏转到"这应该是什么",以致规范分析较多,定量分析较少。目前,对省际交界区的定量研究,只是利用单个区域的单个指标进行边界开放度的简单模拟和计算,忽视了对省际交界区不同板块之间在产业结构、空间结构上的经济关联度、要素流量以及整个区域系统性的静态和动态分析;缺乏综合考虑省际交界区区域协调发展的影响因素及其边界特征、演化过程与阶段、产业分工与联系、空间结构与格局的定量分析。现有研究还缺乏系统的案例研究，致使理论与实践的结合不太紧密。例如，更多地把各省的情况差别同质化，未能考虑到交界地区在各省中的异质性，容易使省际交界区发展研究落入传统的区域协调合作的框架。

第二节 文献计量分析

文献计量和知识图谱可视化是评价科学研究水平的有效工具，在一定程度上反映了该领域的最新研究进展，目前在图书情报、心理教育和公共管理等研究领域得到了广泛应用，但较少应用于省际交界区研究方面。为了更好地把握关于省际交界区研究现状、热点及前沿，在中国知网中对1998~2018年的文献进行检索，文献类型主要有期刊论文和硕博士论文两类。考虑到省际交界区的概念存在多重性，故将检索条件为：主题="省际交界区"（模糊）或者"省际边缘区"（模糊）或者"省际交界区"（模糊）或者"交界地带"（模糊）。在上述检索条件下，共检索到434篇文献，剔除报道、书评等非研究型文献，得到有效文献408篇。采用中国知网自带的计量可视化分析工具以及CiteSpace，对省际交界区研究论文的发文量、涉及学科、期刊情况、作者和机构等数据进行了分析。其中，CiteSpace是由德雷克塞尔大学陈超美研究团队开发并用来捕捉相应领域文献热点与研究进展等情况的软件，通过对文献、关键词、作者等对象进行相似性计量分析，实现信息可视化与量化表达。该软件可以对中国知网数据库检索出的Refworks格式文献识别读取并进行关键词、作者、机构等共线计量分析，得出多元、分时、动态的科学知识图谱，有利于探析国内省际交界区研究领域的演进轨迹和热点情况。

一、文献量分析

文献数量的年度分布可以反映所在领域的研究水平和发展趋势。整体来看，我国省际交界区研究文献量呈曲折上升趋势，如图 2-1 所示。从文献量的时间段分布情况可以看出，1998~2008 年研究关注度相对较低，2008 年以后文献量迅速增加，研究前景较好，这和国家强调要"缩小区域发展差距""推动区域协调发展"的指导意见以及深入推进扶贫开发、全面建成小康社会等政策有关。总体来看，当前我国省际交界区研究正处于稳定发展阶段，随着区域协调发展战略的深层次推进，以及中央政府不断增大解决发展不平衡不充分问题的力度，可以预测未来几年我国省际交界区将从研究洼地变成研究热点，会有更多的学者进入这一研究领域，文献量也会大幅增加。

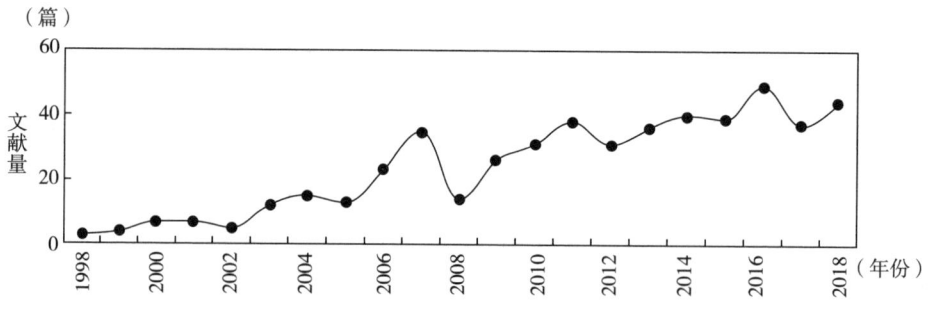

图 2-1　省际交界区研究文献量分布情况

资料来源：笔者根据相关资料整理。

二、作者和机构情况

发文量在一定程度上反映了学者的学术研究能力，优秀学者的发文量相对偏多。如图 2-2 所示，韩玉刚以 11 篇的发文量居首，朱传耿以 10 篇的发文量次之，安树伟、曾冰、何龙斌以 6 篇的发文量并列第三。这些学者在时间上对省际交界区的研究保持着连贯性。1998~2018 年，共有 12 位学者的发文量达到了 3 篇及以上，其余的 200 余位学者的发文量均没有超过 3 篇，一些学者对省际交界区的研究渐行渐远，说明我国从事省际交界区研究的学者还比较少，尚处于"少部分集中，整体分散"的状态，只有很少的学者组成了较小规模的研究团队，省际交界区研究需要更多的学者加入。

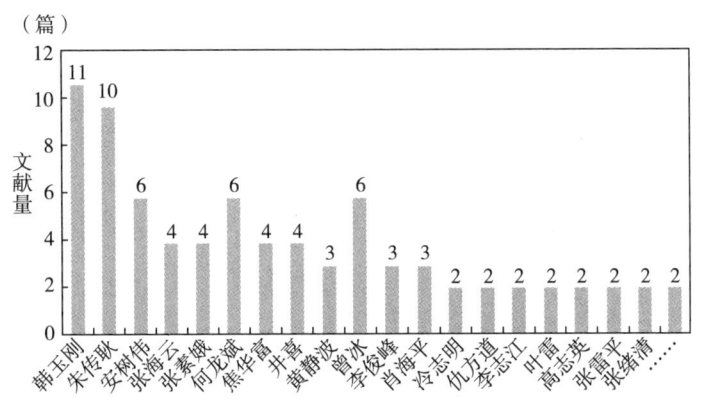

图 2-2　省际交界区研究发文量 2 篇及以上的学者

资料来源：笔者根据相关资料整理。

省际交界区研究发文量在 5 篇以上的机构如表 2-1 所示。其中，徐州师范大学以 14 篇发文量位居榜首，安徽师范大学以 12 篇发文量次之，山西师范大学以 10 篇发文量位居第三。发文量在 4 篇及以上的机构还有华东师范大学、南京大学、湖南师范大学、国家发展和改革委员会等。可以看到，研究省际交界区较多的机构其地理位置大多属于省际交界区，如徐州师范大学所在地徐州属于苏鲁豫皖交界区（也称淮海经济区），安徽师范大学所在地芜湖属于苏皖交界区，这说明省际交界区研究存在一定的地理偏好性，抑或省际交界区的研究机构对省际交界区研究敏感性与重视度比其他地区的研究机构更强。从机构性质与实力来看，师范类高校对省际交界区研究的发文量更多，非双一流高校研究发文量也更多一些，进一步说明了省际交界区在目前的研究中还属于冷门的领域。

表 2-1　省际交界区研究发文量 5 篇以上的机构　　单位：篇

序号	机构名称	文献量	序号	机构名称	文献量
1	徐州师范大学	14	6	湖南师范大学	7
2	安徽师范大学	12	7	陕西榆林气象局	5
3	山西师范大学	10	8	北京大学	5
4	华东师范大学	9	9	国家发展和改革委员会	5
5	南京大学	8	10	青海民族大学	5

资料来源：笔者根据相关资料整理。

三、来源期刊分布

对所涉主题词的文献来源期刊进行分析，省际交界区研究的主要来源期刊分布如表 2-2 所示（载文量 3 篇以上的期刊）。可以看出，《经济地理》以 12 篇的载文量位居榜首，《地理教育》以其 9 篇的载文量次之，《人文地理》以其 5 篇的载文量位居第三。从期刊类型来看，它们都属于地理学科，这与省际交界区独特的学术属性有关。此外，《经济问题探索》《当代经济》《经济经纬》等经济类学科期刊对省际交界区的研究也形成了一定的载文量并得到了一定的认可度。可以看出，省际交界区研究兼具地理学科与经济学科性质，因此人文地理学与区域经济学两类学科有能力也有责任加强对省际交界区的研究。

表 2-2　省际交界区研究主要来源期刊分布情况　　单位：篇

序号	期刊名称	载文量	序号	期刊名称	载文量
1	《经济地理》	12	6	《经济经纬》	3
2	《地理教育》	9	7	《宿州学院学报》	3
3	《人文地理》	5	8	《山西师范大学学报》	3
4	《经济问题探索》	4	9	《地域开发与研究》	3
5	《当代经济》	3	10	《地理研究》	3

资料来源：笔者根据相关资料整理。

四、关键词分布及共现

论文的关键词是对该文内容的高度概括和提炼描述，因此关键词分布情况能够基本代表该领域的研究热点。关键词共现网络如图 2-3 所示。图中的圆圈为关键词，其大小表明关键词出现频次，圆圈之间的联系反映了关键词之间的共现关系，连线的粗细度则体现了关键词间关系的紧密程度。从图2-3可以看出，出现频次相对较高的热点关键词，如省际边缘区、省际交界区、省际交界区、边界效应等。本书从以下三个层面展开分析：①从省际交界区的概念来看，认可度最高的是省际边缘区，其次是省际交界区、省际交界区与省区交界地带等。不过笔者认为，省际交界(地)区的名称更适合，它更强调区域的整体性，在未来的研究中需要对省际交界区这一概念形成统一规范。②从研究地区来看，淮海经济区、宁国市、黄河金三角是目前省际交界区的代表性研究区域，不过这些代表性区域大多集中于东中部地区，而对西部省际交界区的研究较少；③从研究分析视角来看，边界效应是省际交界区最具根本属性特征的分析视角，因而得到了广泛的应用。同时，空间结构反映了经济活动在地理空间上的映射与发展状态，也成为省际交界区重要的分析视角，这说明省际交界区是一种特殊形式的经济空间区域，在中国国土空间开发格局中占有重要的地位。此外，区域合作、

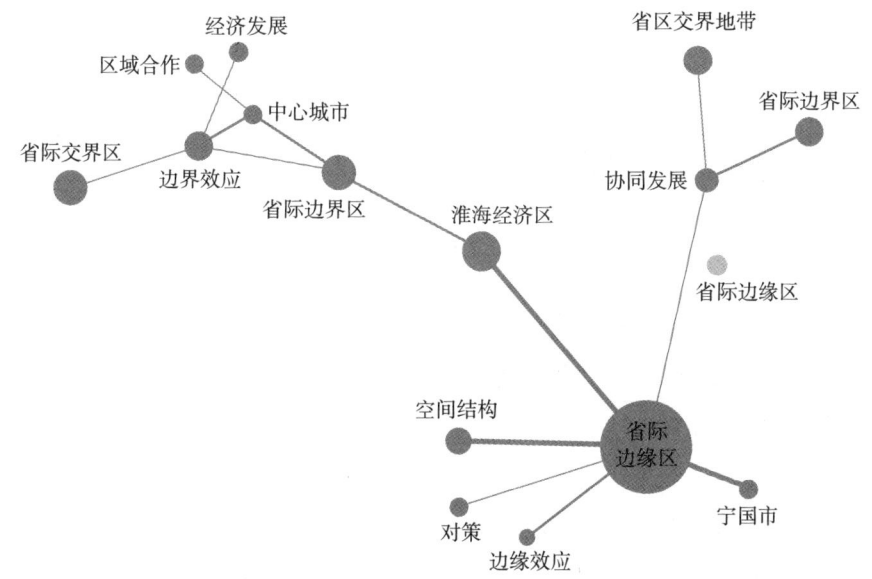

图2-3 关键词共现网络

资料来源：笔者根据相关资料整理。

协同发展、城市化等也进入省际交界区分析视角,这些关键词反映了省际交界区研究的相关理论基础和研究方向,但也需要加强交叉学科融合分析视角。

五、研究层次与基金分布

在相关论文中,主要研究层次为社会科学类的基础研究,该层次占整体研究的37.00%,超过了总数的1/3。另外,基础教育、政策层次占有一定的比重,分别为27.58%、13.00%,这充分说明省际交界区既注重理论研究,也注重实践发展应用。在基金分布方面,所属基金最多的是国家社会科学基金与国家自然科学基金,两者的文献达70篇,另有各地方性基金所支持的文献分别不超过2篇,说明省际交界区作为一个相对冷门的研究领域,更易受到国家层面基金项目的青睐,而地方性基金项目对这一研究领域不够重视,资助力度明显不足,使省际交界区研究缺乏特性。

本书以中国知网刊载的1998~2018年的省际交界区研究文献为研究对象,采用计量可视化分析技术,对我国省际交界区研究总量趋势、作者与机构、来源期刊、关键词等方面进行分析,综合得出以下研究结论:

第一,我国省际交界区研究总体呈现良好的发展态势,且社会经济发展战略与政策密切相关。2008年以前,我国省际交界区研究比较缓慢,随着国家相关政策的出台,越来越多的学者投入研究,为后续研究工作的开展奠定了良好的基础。同时,需要加强地方性基金项目对省际交界区研究的资助力度。

第二,省际交界区研究涉及的学科主要有经济学、地理学等,省际交界区研究需要交叉学科完成;主要载文期刊集中于《经济地理》《地理教育》《经济问题探索》等地理学科与经济学科期刊;高产学者有韩玉刚、朱传耿、安树伟和曾冰等,高产机构有徐州师范大学、安徽师范大学、山西师范大学等。

第三,频次相对较高的热点关键词有省际边缘区、省际交界区、省际交界区、边界效应等。这意味着,未来研究不仅要对省际交界区这一概念形成统一的规范,还要加强对西部省际交界区的研究。边界效应与空间结构是省际交界区研究的热点分析视角,需要加强交叉学科的融合分析研究。

第三章 概念范围与理论基础

第一节 概念范围

目前,我国大多数学者没有从系统、科学的角度对省际交界区的概念及其空间范围进行明晰界定,其观点具有一定的主观性,未能形成统一的划分标准,这种地域范围的模糊性限制了省际交界区研究的深化发展。因此,作为这一特殊区域研究最重要的逻辑出发点,即对其概念与空间范围进行有效界定,本章首先从边界与省界的概念来延伸出省际交界区的概念;其次根据省界的特征对省际交界区的空间范围进行界定和规范,以期为今后的省际交界区这一领域的研究抛砖引玉。

一、概念界定

1. 边界与省际边界

边界一般是指事物间划分的界限与标志,从政治地理学的概念来看,边界主要是指一种划分不同政治实体及其管辖地域的政治地理界线。根据不同的分类标准,边界有不同的类型。若根据边界两侧政治实体的层次来分,可将边界分为国界、省界和县界等。其中,省界也称省际边界,是指各省级行政区之间的分界线。一般情况下,区域边界的级别越高,它的政治与经济职能越强。本书中划分省际交界区的一个重要标准就是以省界为参照系。此外,在理解边界时容易同边境与边疆混淆,边界的内涵和外延比边境与边疆广泛,边境与边疆一般代表国际边界,也就是国家间边界。省际交界区是以省际边界为参照系,而不以国家边界为参照系,如畹町、瑞丽、凭祥这样的边境地区并不属于省际交界区。

系统论通常不仅认为边界是区分系统与其环境间的界线,还认为是系统与其环境间进行物质、能量、信息交换的中介。由于系统必须同外界环境进行相应因素的交换才能不断发展,而同时系统通过边界的作用实现自我保护,因此边界具有开放与封闭的矛盾属性(见图3-1)。此外,由于系统与外部环境间各因素处于不断变化中,因此,边界在时间、空间、功能上也在不断地演变。系统边界的属性同样决定了省际边界的一些重要属性,这种属性也是分析省际交界区的重要基础。

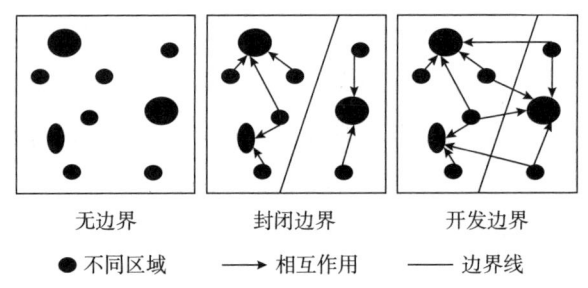

图3-1 边界属性

资料来源:笔者根据相关资料整理。

首先,省际边界具有矛盾属性。一方面,各省在经济全球化和区域一体化发展背景下,需要不断加强省际间对外联系,互通有无,才能实现资源和经济因素更高效的配置;另一方面,各省出于保护自身发展利益最大化的考虑,会通过省界这一变量来实行地方保护主义,因此这也决定了省际边界的开放与封闭的矛盾属性。

其次,省际边界具有复杂性。从我国省界的形成来看,我国历代行政区划分遵循山川形便和犬牙相错两个基本原则。具体来说,元代以前主要根据山川形便原则确立行政边界;元代及其以后朝代的统治阶级为满足中央集权及防止军阀割据,主要采用犬牙交错原则划分行政区边界。在这两种原则指导下形成的省界大多被保留至今,但这些省界划分大多脱离了自然区域界限,割裂了自然资源的区域整体性,使当今省际交界区仍遗留自然资源权益分配之争、环境脆弱等历史问题,加深了行政区与经济区的矛盾,影响了省际交界区经济发展后劲。

最后,省际边界具有动态性。其动态性不仅体现在省界的空间变化上,同时也体现在省界功能的变化上。我国省界的形成和发展不是固定不变的,我国历代出于各种目的都会对行政区进行调整,于是省界也处于不断变化与调整中。此外,发展制度环境的变化,也使省界功能处于不断变化中。例如,在传统农业社会时期,省界更多体现政治军事防御职能;而在计划经济时代,省界主要体现为屏蔽和阻隔效应。因此,省际边界具有动态性特征。

2. 省际交界区的概念

交界区的内容因研究对象的不同而有所不同。例如,从自然因素界面来看,有山地与平原交界区、陆地与海洋交界区;按照行政区的等级来看,分为国家间交界区(如美国墨西哥交界区)、省际交界区、市际交界区等。其中,学术界对省际交界区定义大多倾向于下述定义:以省际边界线为起点,按照一定的发展原则,沿边界纵向延伸,并向行政区内部横向延展一定宽度所构成的多省间相邻的区域(见图3-2)。因此,省际交界区是由多个地区组成的跨区域性质的区域,它的形成与发展离不开省界因素的影响,同时其区域空间范围的确定并不是按个人主观意愿决定的,而是统筹考虑各方面的因素,根据一定的发展原则来确定的,这意味着省际交界区内部地区间具有相似的发展条件与目标。

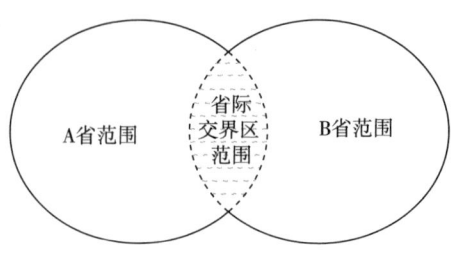

图3-2 省际交界区范围示意图

资料来源：笔者根据相关资料整理。

关于省际交界区的叫法，有文献称为省际毗邻区、省际交界区、省际接合部、省际边缘区等，本书认为省际交界区这一名称更适合，更强调区域的整体性，例如，晋陕豫省际交界区是指山西省运城市、临汾市，以及河南省三门峡市和陕西省渭南市紧密结合的一种整体性区域。省际毗邻区的叫法容易使区域范围更含糊，相对更为主观。省际交界区更侧重以单个省份为主体对象，该区域为其省域范围内毗邻省界的部分空间，例如，湖南省边界线附近的县域（地级市）地区可以归为湖南省际交界区，而湘鄂赣省际交界区包含九江、咸宁、岳阳等跨域地区，因此也可把省际交界区看成由一定数目的省际边界片区按一定关系组成的区域。省际接合部主要适用于民族学、人类学、社会学等学科，如地处川滇藏接合部的藏彝走廊。关于省际边缘区，一般是从经济发展的角度对其进行划分的，是指那些处于多省交界且相对于中心地区较为落后的地区，这种概念容易给省际交界区贴上落后的标签，易忽略省际交界区的动态发展特征，例如，位于上海、苏州界线附近的地区可以归为省际交界区，但很难称其为省际边缘区。

二、范围界定

从上述对省际交界区的定义可以看出，省际交界区空间范围的确定容易存在一定的模糊性，空间界限不明显，目前对省际交界区具体空间范围的界定还未达成统一的意见。因此，有效确定所要研究的省际交界区空间范围是展开研究的一个重要前提，目前比较有代表性的界定方法包括：①根据行政区划的原则划定省际交界区，这是目前最为通行和简便的方法，将紧邻省界的较小地域单元(一般以县为单位，也有以地级市为单位)的地域空间总和界定为省际交界区。这种方法界定的省际交界区具有空间相对稳定性与相对完整性的特征。②按经济文化关系界定，即以省界为参照系，将其两侧具有紧密的经济文化联系程度的区域划为省际交界区，这种方法一般见于西部民族省份地区，费孝通(1980)依据民族文化提出的民族走廊就属于这一视角下的省际交界区，如藏彝走廊主要范围就是川滇藏交界区。③参照 WTO 所定义的国际边境贸易的空间范围，把省界两侧各15千米划分为省际交界地区的地域范围。

本书从省际交界区的定义出发，并在充分借鉴前人研究的基础上认为，省际交界区的划分必须遵循以下几项原则：第一，以省界线为依据。第二，保持行政区的完整性，区域经济学家 Hoover(1963)认为，一切区域最好的划分方法就是以行政区来进行划分。从目前的省际交界区理论研究与现实发展实践来看，大多倾向于将地级市或县域作为基本单元来界定该区域。因此，本书在确定省际交界区的区域范围时，从便于统一资料的收集和应用的角度，将县域或市域行政区作为基本单位，凡是紧邻省际间交接点的县域或市域都划为省际交界区范围，而市域还是县域的选择根据具体研究内容而定。第三，自然条件与经济联系紧密原则，即使某些区域虽不与省界接壤，但与省际边界片区接壤，且经济特征与交界区相同或相似，经济联系密切，也可划分为交界区。第四，适当照顾某些自然地理特征区域和文化特征区域的完整性。如某些区域虽不挨着省级边界线，但与省际交界区接壤，且其自然、文化特征与接壤的交界区具有相同性，则该区域也可划为省际交界区。第五，省际交界区的区域范围应多充分考虑和包含到其他问题区域的空间范围，如连片特困地区。例如，在研究鄂豫皖交界区时，可以考虑同大别山片区范围进行整合，可将两区域范围等同化。

根据第一、第二、第五条原则划分交界区是容易的，因为界限清晰，且其社会经济的历史演变和近期发展都有边界线的烙印，这是最明显、最客观的交界区域。第三、第四条原则虽然具有主观性，在全国范围内不便使用，但因其具有明显的实用价值,在实际运用中,各地可因地制宜,灵活掌握。省际交界区的划分并非一种数字拼图游戏,只要挨着省界线就可任意划分省际交界区。而需要以行政区划为基础,充分考虑经济、文化联系来确定省际交界区的合理范围,同时省际交界区不宜划分过多,不宜过于主观,要充分考虑发展实践,尤其是同其他类型区域的共同点,避免各省际交界区间的重合性。

第二节 理论基础

一、"核心—边缘"空间结构理论

"核心—边缘"空间结构理论有两种,即古典"核心—边缘"理论与新经济地理学派的"核心—边缘"理论,两种理论的理论基石有着本质差异,前者更多的是借鉴熊彼特的创新理论、佩鲁增长极理论以及刘易斯二元结构理论,在极化空间的理论假设中分析区域经济空间结构的演变,其动力机制是极化和扩散效应,具有空间的接近性、区域性、闭合性特征;而后者在全球化视角下,利用国家竞争优势理论、空间竞合理论,通过同质空间的假设,构建空间结构和空间组织模型,分析空间结构的演变规律及其动态平衡与协调发展,具有空间自由性、可分离性和开放性特征。总之,两种分析框架都说明在经济发展过程及区域结构上必然形成"核心—边缘"这一空间结构模式。

1. Friedman 的"核心—边缘"理论

"核心—边缘"(又称"核心—边缘""中心—边缘""中心—腹地")理论最早是发展经济学中用以解释发达国家和不发达国家之间不平等关系的理论,该理论由发展经济学家劳尔·普雷维什 1949 年为联合国拉丁美洲经济委员会起草的经济报告中首次提出,用于描述当时国际贸易体系中西方资本主义国家与发展中国家的对峙情形。美国区域规划专家 Friedman(1966)将这一理论模式引入了区域经济学领域,其基于委内瑞拉区域发展演变特征的个案研究,吸收缪尔达尔和赫希曼等的区域经济非均衡增长理论,在《区域发展政策:以委内瑞拉为例》(Regional Development Policy: A Case Study of Venezuela)一书中系统地论述了"核心—边缘"理论模式;在《极化发展的一般理论》《城市化、规划和区域发展》等书中将"核心—边缘"理论的研究对象从空间经济扩展至社会生活各个层面,强调"核心—边缘"关系不仅存在于不同区域之间,也存在于不同产业部门之间和不同类型的企业之间。此后,"核心—边缘"理论模式作为关于区域空间结构及形态演变的解释模型被广泛应用,特别是将该理论模式与区域经济发展阶段联系起来,符合大多数区域发展的实际,对区域经济发展具有较强的解释力,因此作为理论工具广泛应用于指导区域规划与开发。

(1)"核心—边缘"理论的基本内容。区域空间结构可分为中心区和外围区。中心区是社会经济活动的聚集区,一般是指城市或城市集聚区。这类区域工业发达、技术水平较高、资本集中、人口密集、经济增长速度快。围绕中心区分布并受其影响的区域被称为外围区,包括上过渡区、下过渡区和资源前沿区(见图3-3)。中心区是创新变革的发源地,在资本、技术和政策上都具有明显的优势,可发展受原料区位变化影响较小的服务业和高科技产业。中心区政治机构集中,处于稳定发展和支配地位。由于核心区的繁荣刺激了相邻区域的发展,投资不断增加,资源利用和农业发展的集约化程度不断提高,人口迁移量不断上升。与外围区域相比,环绕核心区的周围区域显示出经济上升的趋势,形成上过渡区。而下过渡区多位于边远的农村,包括原料枯竭、老工业向衰退方向变动的区域,该区域的农业呈停滞状态,产业结构升级滞后且效率低下,以粗放型经营生产方式为主,人口向外迁移。资源前沿区是指富有待开发的资源、对区域发展有极大潜在价值的区域,一般位于上过渡区与下过渡区之间。中心区与外围区之间存在一种密切的社会经济联系,共同组成一个严整的空间系统,即结节性区域。

· 33 ·

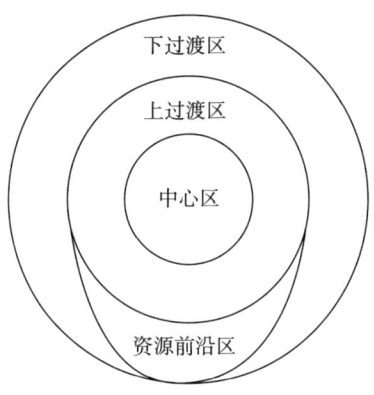

图 3-3 Friedman"核心—边缘"结构

资料来源：Friedman J R. Regional Development Policy：A Case Study of Venezuela[M].Cambridge：MIT Press，1966.

(2)中心区和外围区的相互作用。一方面，中心区从外围区吸聚生产要素产出大量的创新(材料、技术、社会和文化体制等)；另一方面，这一创新又源源不断地从中心区向外扩散，引导外围区的经济活动、社会文化结构和聚落类型的转换，从而促进整个空间系统的发展。同时，这两类区域之间还存在着决策的传播、移民的迁徙和投资转移三种基本的空间作用过程，各种空间作用的力度也不均衡。中心区对外围区所具有的支配和控制地位可描述为六大反馈效应：①从外围区净获得资源的支配效应；②因各种要素增长、潜在相互作用增强和创新速度提高，给中心区带来的信息效应；③因创新机会多且预期成功率高而使创新者向往中心区的心理效应；④因转变价值观念、行为方式和组织机构，而有利于创新出现的现代化效应；⑤因一种创新的产生引致其他创新出现的连锁效应；⑥因扩大规模经济和降低创新成本引致更多创新性产业配置的生产效应。在成功的经济增长过程中，上过渡区、下过渡区、中心区和资源前沿区四种空间子系统的边界将发生改变，使空间关系重新组合，这一过程将按照一定的次序进行，直到实现完全的空间经济一体化。

(3)区域经济空间结构演化具有阶段性特征。区域经济增长的同时，必然伴随着区域经济空间结构的变化,这种变化历经工业化前期、工业化初期、工业化成熟期、后工业化时期四个阶段(见图3-4)。在工业化前期,资源要素流动性差,尽管存在若干不同等级的中心,但彼此之间缺乏联系;在工业化初期,区域分化为核心和边缘,核心的极化效应大于扩散效应。边缘区资源和要素大量流入核心区,核心迅速壮大,而边缘的发展受到抑制,边缘区中心城市难以吸纳集聚生产要素,经济发展停滞不前;在工业化成熟期,核心区的扩散效应大于极化效应,核心区的一些生产要素和产业开始向边缘区转移,边缘区中心城市凭借优越的地理位置、较好的产业配套能力和城市基础设施,不仅承接了核心大量的产业转移,接受了核心区的科技、信息、文化等先进生产要素,而且吸纳了其腹地的生产要素的集聚,城市规模和势力迅速壮大;在后工业化时期,经济要素在整体区域范围内实现全方位流动,核心区的扩散效应得到高效强化,在边缘区崛起新的核心区,之前一些核心区的主导地位会有所削弱,从而形成高水平的均衡城市体系结构。

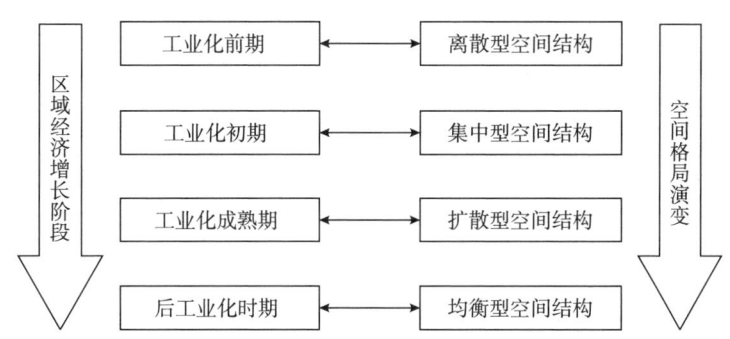

图3-4 "核心—边缘"理论空间格局演变简示

资料来源:笔者根据相关资料整理。

2. 新经济地理学派的"核心—边缘"模型

Friedman的"核心—边缘"理论被视为传统的二元空间结构理论,Krugman等(1995)等构建了新的"核心—边缘"模型。Krugman(1991)通过改进迪西特—斯蒂格利茨垄断竞争模型(也称D-S模型),采用柯布—道格拉斯函数形式构建了一个两区域的模型。模型中有两类产品:一是农业产品,由不变报酬的农业部门生产；二是制造品，由分布在两个区域内的报酬递增的工业部门生产。他的分析重点是两个部门企业在两个区域间的均衡分布，讨论分工的条件及其影响因素。其结论主要包括：在所设条件下，两个区域的经济最终会内生形成以工业化的区域为中心、农业化的区域为外围的"核心—边缘"构架；"核心—边缘"的形成取决于运输成本、规模经济以及制造业在国民收入中的比重；贸易的产生并不完全源于比较优势，更在于规模经济产生的报酬递增。这一范式称为"核心—边缘"模型。自 Krugman 提出该模型后，有关垄断竞争与报酬递增下的"核心—边缘"模型的扩展研究不断深入，涌现出大量有关企业活动空间分布与报酬递增、交易成本和要素转移的研究文献，学者提出了各种各样的分析模型。藤田昌久、克鲁格曼和维纳布尔斯合著的《空间经济学——城市、区域与国际贸易》一书全面、系统地总结了有关的理论观点，对"核心—边缘"模型进行了拓展，是新经济地理学派的集成之作。

"核心—边缘"模型是 Krugmen 在新贸易理论的基础上发展起来的。Krugmen 认为，在"核心—边缘"结构的形成过程中，垄断竞争厂商根据其在不同区位的获利能力决定生产区位，而其生产区位的决定将产生三种不同的经济效应(见表3-1)。

表3-1 三种效应分析

类型	是否能自我强化、循环累积	对集聚的影响
市场通路效应	是	促进
生活费用效应	是	促进
市场挤出效应	是	抑制

资料来源：杨海余，王耀中，刘志忠. 新经济地理学视角的中心外围模型评介[J]. 经济学动态，2004(7)：109-113.

(1)市场通路效应(又称需求关联或后向关联)。当劳动力在不同区域流动时，一个厂商从其他区域迁往本地使本地劳动力需求增加，将吸引劳动力流入并使本地需求增加，本地需求的增加使本地厂商的利润增加，继而又进一步吸引更多厂商进入，进一步产生需求关联。这一过程循环反复，通过一个循环累积过程实现聚集经济。

(2)生活费用效应(又称成本关联或前向关联)。一个厂商从其他区域迁往本地使本地厂商数量增加,而在一个厂商数量增多的区域,消费者需要从区外购入的商品种类减少,从而支付的贸易成本下降,意味着本地生活费用下降和实际工资水平提高。工人受吸引大量流入,引起劳动力供给增加和本地名义工资下降,使厂商生产的平均成本和边际成本下降,本地厂商利润增加。厂商利润的增加又吸引了更多的厂商进入,并进一步引发一个不断自我强化的循环累积过程。

(3)市场挤出效应(又称竞争效应)。一个厂商从其他区域迁往本地使本地厂商需求减少和边际收益下降,使本地厂商利润减少或亏损,厂商为获得正常利润而降低工人的名义工资。在其他条件不变时,这使本地对工人的吸引力低于其他地区,劳动力从本地流出,产生一个不断自我强化的循环累积过程,从而抑制了集聚。

当本区域需求关联和成本关联所产生的向心力大于市场挤出效应所产生的离心力时,经济活动趋向在本区域集聚,制造业厂商都被吸引到本区域,本区域发展成富裕的中心区域,而其他区域发展成贫穷的外围区域;当本区域需求关联和成本关联所产生的向心力小于市场挤出效应所产生的离心力时,经济活动趋向于扩散,各地形成类似的生产结构,经济趋于收敛。向心力和离心力都随着贸易成本的下降而减弱,但离心力减弱程度更大,这使"核心—边缘"结构呈现突变的特征。当贸易成本较高时,离心力大于向心力,厂商生产区位变化并不能改变两个区域对称的生产结构。但随着贸易成本下降,离心力比向心力减弱得更快。当贸易成本下降到某一临界水平时,向心力超过离心力,集聚发生,所有制造业厂商被吸引到本地,两个区域内生为工业化的中心和非工业化的外围的二元化空间结构。

二、极核式空间结构

1. 极核式空间结构的内涵

极核式空间结构是区域经济极化发展在地域空间中的表现。对一个区域进行断面分析,其经济空间结构大多表现出极核式特点。在区域经济发展的初期,极核式结构表现为一种常态。极核式结构是指在区域经济系统中，经济要素首先在一个点上集聚，通过极化效应和扩散效应，极点与周边区域相互传递要素流而形成一个"极核—域面"结构。极核是区域经济发展的制高点，对周边区域的经济发展起决定性作用，扮演着区域经济增长极的角色。

2. 极核式空间结构形成机制

依据增长极理论，无论是推进型产业还是地理空间中的极点，一旦形成就会对区域内经济活动的空间分布产生重要影响。增长极在空间上呈现的极化效应与扩散效应是极核式空间结构形成的主要机制。

增长极的极化效应是指极核借助自身积累的经济优势，对周边区域产生吸引力和向心力，使周边区域的资本、劳动力、技术等生产要素转移、集聚到极核区域的过程。一般而言，极化效应引致极核区域获取更大规模的经济效益，为极核区域经济增长提供长期支持，但极化效应剥夺了周边区域发展所需的经济要素，使极核区域与周边区域经济发展差距不断扩大。极化效应的形成源于三个方面：①经济活动的区位指向。区位指向相同的经济活动往往趋向集中在区域内相关资源和要素集中分布的地方。某些区位指向虽然不同，但在实际中所指示的地方往往是相同的（如运输指向与市场指向），因此扩大了经济活动在少数地方的集聚规模。②经济活动的内在联系。出于加强相互联系的需要，一些内在联系紧密、相互依赖性大的经济活动往往趋向集中在同一个适宜的区域发展。③经济活动对集聚经济的追求。由于集聚能够产生集聚经济，因此各种经济活动为追求集聚经济也需要在空间上趋于集中。

扩散效应是与极化效应同时存在但作用方向相反的另一种区域变化过程，它使经济要素从极核区域向外围区域扩散、延展，从而带动周边区域经济发展。扩散效应的形成源于四个方面：①避免集聚不经济。集聚不经济是指集聚规模超过一定的限度时引发的集聚经济效益减少、丧失，以及因集聚而带来的外部环境对经济活动的负面约束现象。随着经济活动的过度集聚，集聚区人口会相对过密，这两者的共同作用会导致集聚区的基础设施及社会服务供不应求，生活费用和生产成本上涨，环境问题日益突出，促使部分企业、经济部门不得不从原来的集聚区迁移出去,从而引致相关资源、要素随之向外扩散。②寻求新的发展机会。集聚区的企业、经济部门为谋求进一步发展,主动到周边区域新建分支机构或发展据点,以扩大自身的影响和势力范围。在集聚区同行竞争日益激烈、市场渐趋饱和的情况下,部分企业和经济部门为减小竞争压力不得不到其他区域开辟新的市场。在集聚区进行经济结构转换的过程中,被淘汰的部分及不宜发展的企业和经济部门被迫到经济发展水平低的区域寻求立足之地。出于保障自身发展、获取原材料和能源、参与区际竞争等方面的需要,集聚区主动与其他区域开展合作,引发部分资源、要素、企业等向其他区域扩散。③部分经济活动区位指向的作用。从宏观上看,部分经济活动的区位指向呈分散趋势,如日用品工业、原材料工业、农业等受多种因素的制约且在空间上呈分散状态,它们在进行区位选择时客观上倾向于分散布局。④政府政策的调控作用。地方政府为缓解集聚区因经济活动过密、人口膨胀而引起的经济、社会、环境等问题,或为促进区域经济共同发展、协调区际经济关系、缩小区际经济发展差异,制定的一系列政策以引导和鼓励集聚区的资源、要素、企业、经济部门向其他区域扩散。总体而言,扩散效应将促使资源、要素、企业、经济部门在空间上趋于相对均衡,有利于逐步缩小区际经济差距,促进区域经济协调发展。

极化、扩散效应与极核式空间结构的形成。极核式空间结构的形成是极化效应和扩散效应复合作用的结果。极化效应导致极核经济体的不断发展,是极核形成的主要机制,它引发区域经济活动的向心运动,工业、商业、金融等主要经济部门及科技、高教、文体、医疗等事业集聚在极核区域。在低水平均衡阶段,由于生产力水平低下,经济活动前后向联系少,城市化水平低,经济活动分散孤立,只有小范围的封闭式循环。极化作用的累积是空间结构从低水平均衡状态向极核式状态演进的关键。在低水平均衡状态下,各种经济要素不自觉地流向各个城镇,尽管这些城镇联系较为松散。当基本经济部门在一个区域集聚时,极化效应的不断累积会导致中心城市的产生,形成极核式发展的空间结构。极化效应导致极核区域的城市化进程加快,城市首位度偏高。

极化效应与扩散效应是相伴共存的。极化效应在极核产生阶段起主要作用，而极核空间结构的完全形成是扩散效应的加强，引起极核周边区域与极核区域在较高层次进行经济双向交流的结果。当极核区域经济发展到一定程度时，反集聚效应的作用渐趋明显，经济活动由极核城市向外围区域扩散，周边城镇得到发展，逐渐成为新的增长点。随着扩散作用的加强，城市等级系统将形成，小城镇的数目增多，社会经济结构慢慢地向极核扩散发展阶段演变，而这一演变过程导致极核体系最终形成，并引起其他极核产生，在另一个区域断层进行新的区域极核结构的演化。

三、"点一轴"空间结构

经济地理学家陆大道在借鉴克里斯塔勒的中心地理论、佩鲁的增长极理论、松巴特(Werner Sombart)的生长轴理论、赫格斯特兰(Hagerstrand)的空间扩散理论等理论的基础上，首倡"点—轴"空间结构理论模式。1984~2003年，陆大道对该理论模式进行了系统化研究，构建了一套完整的"点—轴"系统理论体系。

1. "点—轴"空间结构的内涵

"点—轴"空间结构中的"点"的基本类型主要包括三种类型：①各级居民点和工矿区。在"点—轴"空间结构系统的形成过程中，首先出现工矿区，进而形成一定的居民区。各级居民点和工矿点是点轴空间结构系统形成初期阶段的点的形态。②各级中心地，即各种中心城市(镇)。各级中心地是各级区域的集聚点，也是带动各级区域发展的中心城镇。③集聚区。集聚区扩大了的"点"或"点"的集合，是最高限度的空间集聚形式，在发展条件优越即在高级轴线交汇地附近，建设起来的人口、城镇和经济设施密集的区域(陆大道，1990)。集聚区概念既扩展了"点"的内涵，也揭示了由"点—轴"到"点—轴—集聚区"这一区域空间组织变化的客观规律。

无论"点"以何种形式存在，都是区域内人口、产业、经济组织和社会组织的相对集中地。一般而言，"点"为区域经济发展中的"增长极"，其已有的经济规模和发展潜力都比周边区域突出，具有较强的极化、扩散效应，从而带动周边区域发展。

而"点—轴"空间结构中的"轴"是指由交通、通信干线和能源、水源通道连接起来的"基础设施束"。"轴"在结构上分为线状基础设施、发展轴的主体部分和轴线的直接吸引范围三部分(陆大道,2001)。线状基础设施是以交通干线为主体的基础设施"束"。发展轴的主体部分是直接处于线状基础设施或其交叉点上的城市、工矿区、港口等。轴线的直接吸引范围是轴线上的所有城镇、港站直接集聚经济要素的范围。根据发展轴的线状基础设施种类的不同,发展轴可分为四种:①海岸发展轴。海岸发展轴是指自潮间带深入陆上约50千米的带状范围。在海岸发展轴大规模建设各种类型的经济技术开发区、经济特区,已成为当今世界发展中国家发展振兴的重要途径和空间开发模式。②大河河岸发展轴。在大河流域范围内,往往拥有多种矿产资源、农林牧渔资源及水能资源,流域范围内一般都形成多种产业群体,如矿业开发与冶炼、化学工业、建材工业,农业中的种植业、渔业等,它们之间产业关联度强,通常成为流域经济区的主干。③铁路干线沿线发展轴。铁路组成的交通网络对一国经济的贡献是其他交通运输方式无可比拟的,铁路干线沿线常因便捷的对外联系通道而形成发展轴。④混合型发展轴。在国土开发和区域经济发展实践中,往往有多种类型的运输通道结合在一起,共同发挥运输通道及带动发展的作用。由于铁路、公路、水运、管道等运输方式都有其自身的服务对象,多种运输方式综合运用,可带动社会经济的多元化发展,从而在更深的层次上彰显社会经济发展潜力。

2."点""轴"与"点—轴"空间结构

区域内的"点"和"轴"具有层次性。不同等级的"点"由轴线相互连接,由于社会经济空间结构的不均衡导致经济要素的空间扩散,"点"沿着若干扩散通道(线状基础束)促使经济要素向外扩散,在距中心不同距离的位置形成强度不同的新集聚,相邻地区扩散源的经济联系使扩散通道相互连接成为发展轴线,这种"点—轴"渐进式扩散导致最终形成"点—轴—集聚区",不同规模和等级的"点""轴"最终形成"点—轴"空间结构。

3."点—轴"空间结构系统的演化过程

陆大道(1995)将"点—轴"空间结构系统的演化过程阐述为，在生产力水平低下、社会经济发展极端缓慢的阶段，生产力呈均匀分布状[见图3-5(a)]。到工业化初期阶段，随着矿产资源的开发和商品经济的发展，在两点出现工矿居民点或城镇，并且为了适应社会经济联系的需要，在A、B之间建设了交通线[见图3-5(b)]。由于集聚效果因素的作用，资源和经济设施继续在A、B两点集中，在A、B两点建立了若干大企业，交通线变成交通线、能源供应线、电信线的线状基础设施束。在沿线经济设施相继建立，同时，在C、D、E、F、G等点开始出现新的集聚，交通线得到相应延伸[见图3-5(c)]。这种模式再进一步发展，A—H—B—C沿线成为发展条件好、效益水平高、人口和经济技术集中的发展轴线。在A、B点形成更大程度的集聚，C、G、M、N成为新的集聚中心，大量的人口和经济单位向沿线集中，成为一个大的密集产业带。不仅如此，通过A、B、H三点还各自出现了一个另一方向的第二级发展轴线，通过D、I、F等点形成第三级发展轴线[见图3-5(d)]。如此发展下去，生产力地域组织逐步完善，最终形成以"点—轴"为标志的空间结构系统。

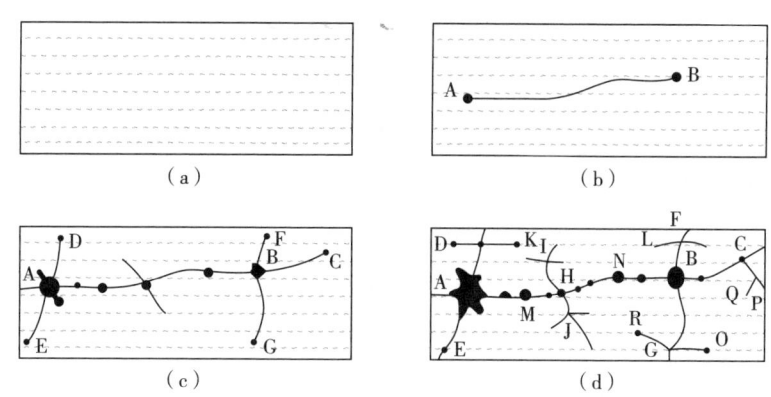

图3-5 "点—轴"空间结构系统的演化

资料来源：陆大道. 区域发展及其空间结构[M]. 北京：科学出版社，1995.

"点—轴"空间结构系统的形成历经以下四个阶段：

(1)"点""轴"形成前的均衡阶段。这一阶段经济发展水平停留在农业经济时代，社会经济客体在均质空间内呈无组织分布，经济效益较低。"点""轴"都在酝酿发展中，聚集效应发挥潜在作用促进生产要素的集中，这种空间无组织状态具有极端的低效率。

(2) "点""轴"开始形成阶段。社会经济客体开始集聚，"点""轴"同时开始形成，区域局部出现有组织状态，区域资源开发和经济进入较快速增长期。按照社会经济发展阶段衡量，属工业化初期阶段。

(3) 主要的"点—轴"空间结构系统框架形成阶段。随着经济发展步入工业化中期，社会结构、空间结构发生剧烈变动，空间结构变动幅度大，呈现工业化中期阶段的空间结构特征。

(4) "点—轴"空间结构系统形成阶段。区域进入全面有组织状态，其形成既是社会经济要素长期自主组织过程的结果，也是科学的区域发展政策、规划调控的结果。从宏观角度考察，空间结构重新恢复到"均衡"阶段。这一阶段社会组织、经济组织虽然效率高，但作为社会发展标志的人口、经济的增长并未呈现高速增长状态。

4. "点—轴"空间结构系统的形成机制

"点—轴"空间结构系统的形成具有深刻的驱动机制。空间结构的形成过程具有空间集聚和空间扩散两大趋向，这是社会经济客体运动的基本特征，也是点轴系统的形成机理。"点"的形成是由于空间聚集的需要，因为聚集效应能影响区域内的要素集中，获得规模效应和正外部性。然而空间集聚并不总是有效率的，当集聚的负外部性逐渐处于主导地位时，空间扩散就成为必然选择。空间集聚和空间扩散从来都是双向进行的。只有既充分发挥规模效应和聚集效应，又注重空间关联和空间扩散，社会经济资源的利用才能实现最佳组织和最佳规模。

点轴渐进式扩散是"点—轴"空间结构系统形成的关键（陆大道，2001）。点轴渐进式扩散直接导致"点—轴"空间结构系统的形成，即社会经济客体发自一个或多个扩散源，沿着若干线状基础设施（"扩散通道"）渐次扩散社会经济"流"，在距中心不同距离的位置形成强度不同的新集聚。由于扩散力随距离延伸而衰减规律的作用，新集聚的规模也随距离的增加而变小，相邻地区扩散源

省际交界区空间结构形成演进与优化整合

扩散的结果使扩散通道相互连接成为发展轴线。随着社会经济的逐渐发展，发展轴线逐渐延伸，新的规模相对较小的积聚点和发展轴不断形成。区域可达性和位置级差地租是"点—轴"空间结构系统形成的重要原因。区域可达性要求点轴呈渐进式扩散，位置级差地租制约土地利用的空间结构，两者共同作用于区域开发模式的选择，影响区域空间结构的格局和发展方向。

四、网络式空间结构

网络式空间结构理论模式由区域经济学家魏后凯（1988）首倡。网络是指一定区域内不同规模等级的节点与轴线之间经纬交织所形成的区域经济系统。网络式空间结构模式是"点—轴"空间结构模式的拓展，其强调均衡发展以实现区域整体推进。

1. 网络式空间结构的内涵

作为空间结构的高级形态，网络式空间结构具有丰富的内涵。从空间结构要素组合角度来看，它是点、线、面协调的区域经济系统；从经济发展目标角度而言，它谋求实现区域的均衡发展；从空间结构演变角度来看，它是实现空间一体化的必然选择；从效应机制角度而言，在网络式空间结构中，扩散效应大于极化效应。

首先，网络式空间结构是集点、线、面于一体的区域经济系统。"点"不再是单纯的经济聚点，而是包括人口、经济活动和社会组织的综合性的点（即城镇体系），是节点发展的高级形态，在区域经济发展中充当着各级层次的经济增长极。"线"是指连接各点的线状通道，不仅包括一般的线状基础设施，还包括无形的信息流通道、跨区域产业链条、人才交流通道、科技创新通道等诸多区际联系通道。这些立体结构的通道提高了点与点之间的可达性，加强了区域之间、城市之间的联系，在区域经济发展中发挥着要素传递和资源配置的双重作用。网络上的各点通过对周边区域辐射其经济能量，组织和带动整个区域的经济社会发展，构成了分工合作、功能各异的点、线、面统一体。

其次，网络式空间结构以区域均衡发展为目标。在区域经济发展初期，受要素"瓶颈"的制约,某一区域的开发和发展不能全面而均衡地进行,只能采取不平衡增长战略,集中有限的资源和能力优先重点建设一个或若干个经济集聚点,以发挥这些集聚点的经济带动作用。在区域经济发展中期,"点—轴"系统的形成加强了区域之间的技术经济联系,不同地域单元之间逐渐协调发展,区际经济差距呈现缩小的趋势,但区域非均衡发展状态仍然明显。在区域经济发展高级阶段,网络式空间结构取代点轴式空间结构占据主导地位。此时区域经济发展遵循公平优先、兼顾效率的基本原则,通过区域间协调发展,缩小区际经济差距,逐步实现区域全面均衡发展。

再次,网络式空间结构是实现空间一体化的必然选择。区域经济空间结构演变的最终阶段是点线面协调的空间一体化均衡阶段。实际上,"点—轴"空间结构是空间一体化过程前期的必然要求,而网络式空间结构是空间一体化过程后期的必然选择。网络式空间结构中的网络类型一般包括自然网络、人工网络和综合网络三类。其中,自然网络由流域网、海岸线等组成,根据其自然属性,这类网络具有一定的稳定性和脆弱性;人工网络是区域经济发展的伴生物,是由交通网、通信网、电网等线状基础设施束组成的网络体系,根据人文属性,这类网络具有一定的灵活性和可操作性;综合网络是由自然网络和人工网络交织而成的,是网络式空间结构中的一种高级形态。空间一体化中的网络超出了自然网络和人工网络的简单范畴,是由自然网络和人工网络错综形成的综合网络。网络式空间结构通过重点建设点轴与其腹地之间的综合网,将生产能力和经济能量传播到更广的范围,创造更多的发展机会,优化区域经济空间结构,进而促进区域经济一体化,实现区域经济空间结构的优化。

最后,网络式空间结构以扩散效应为主、极化效应为辅。由于网络式空间结构是以区域均衡发展为主要目标的,因此,网络式空间结构演化过程主要以扩散效应为主。这种扩散效应可以在缓解极化效应的过程中,将要素资源和生产能力传播到整个区域范围,加强点与点之间、轴线与轴线之间的经济技术合作,缩小经济发展高梯度地区和低梯度地区的发展差距,实现区域经济的可持续发展。

2. 网络式空间结构的形成机理

当区域经济发展到高级阶段时，点轴系统中不同等级的点与点之间、轴线与轴线之间的技术经济联系得到进一步加强，为了满足要素资源跨区域配置和区域市场向外拓展的需求，各点开始与周围的多个点发生联系。相应地，点与点之间纵横交错的多路径发展轴线也相互连接，形成具有不同层次、功能各异的供给网络。网络的形成畅通了区域之间、城市之间的经济社会关系，促使点轴系统的经济能量向周围更大空间范围全面渐进式扩散，从而在区域空间上逐渐形成了以线状基础设施为脉络的网络式空间结构。网络式空间结构的形成必须具备一定的基本条件。

首先，网络空间结构的产生需要社会分工高度发达。由于空间网络需要经济要素在更大空间系统内部更充分地自由流动，各经济部门间分工达到相当高的专业化程度，因此网络式空间结构是区域经济发展到较高级阶段的重要表征，在区域经济发展的低级阶段，空间结构更多地趋向于极核结构和点轴结构。

其次，网络空间结构中的轴线模式必须是立体网络结构。当区域经济发展到一定程度，空间结构中的点必然是存在紧密经济分工的点，而连接轴线比点轴系统中的轴线要求更高。专业化分工和产业的集聚需要轴线是立体网络式结构。这种立体网络不仅是空间上的网络，也是实物网络、信息网络与金融网络的立体结构，这样才能充分保证网络结构的稳定。

最后，网络式空间结构的形成与网络开发密不可分。网络开发是与区域开发高级阶段相适应、服务于网络式空间结构发展的开发模式。一方面，网络式空间结构的形成必然要求对区域内经济要素进行全面整合，从以重点开发为主的点轴开发模式向以谋求区域协调发展为主的网络开发模式转变；另一方面，网络开发只有在经济发展到一定程度、区域要素资源足够丰富、网络式空间结构初步形成的情况下，才能发挥其构筑经济网络的作用。网络开发能有效加快空间结构从"点—轴"式向网络式结构转变。

第四章 我国省际交界区的历史演化与发展现状

我国省际交界区发展交织并渗透于行政区和经济区的关系演化中，其经济滞后性发展本质上是行政区与经济区难以调和的重要体现和必然结果，有必要通过行政区和经济区间的发展关系变化来揭示省际交界区发展历史变化规律及趋势。当前，省际交界区发展仍存在一定的问题，阻碍了省际交界区经济发展。

第一节 我国省际交界区的历史演化

省际交界地区经济发展的特殊之处：一方面，它可以看成内嵌于两个或两个以上省级行政区的硬性约束下形成的一种地域生产综合体，其发展难以淡化行政区的影响；另一方面，省域经济发展自身也会存在行政区和经济区二元化矛盾，而这种矛盾很容易传导到交界区，从而影响省际交界地区经济发展。由于不同时期的发展背景有所不同，经济区和行政区的关系也会产生不同变化，从而形成了不同时期的省际交界区发展变化。本书借助历史唯物主义分析方法，以行政区和经济区的基本范畴为出发点，将两者间发展关系变化的时间序列作为研究主线，揭示省际交界区发展变化规律及趋势，从而更深刻地理解省际交界地区的发展。

一、第一时期：秦朝至中华人民共和国成立前

省际交界区往往是行政区划及其演变的结果，是随着省的形成而形成的，而省作为一级行政区划最早可追溯于秦朝的郡县制。随着朝代更迭，又历经州、路、行省、布政司等一级行政区变化，直至今天的省级行政区。这段时期，行政区在强大的中央集权下被削弱了利益诉求能力，没有独立的区域经济行为，主要侧重于政治军事等功能。加上我国处于自给自足的自然经济阶段，难以形成经济区的范畴，此时行政区与经济区是一种"我生君未生"的关系。

两者关系对省际交界区发展可以从两个方面来考虑：首先，从行政边界形成来看，我国历代行政区划分遵循山川形便和犬牙相错两个基本原则。其次，行政区发展在中央集权下没有足够的主体性，地方利益与经济活动无直接关系。行政区主要表现为自然经济特点，行政区之间的差异也只是经济活动上的区际差异，突出体现为中原农耕区和西部游牧区的差异[①]。这种差异却为不同行政区间互通有无创造了条件，并形成一定规模的商品交换和贸易，最典型的代表就是茶马互市、绢马互市。互市让中原地区与周边尤其是各民族地区间的联系更为紧密，在客观上促进了边疆经济的开发，加速了中原与边疆经济一体化的过程，改善了农业区和牧业区的生产和生活结构，促进了民族间的和平共处。同时开辟了边疆与内地的流通通道，在一些省际交界区兴起了重要的城镇，如川藏交界区的昌都、滇藏交界区的迪庆、甘青川交界区的宕昌等地区获得了有效发展。

二、第二时期：中华人民共和国成立至 20 世纪 70 年代末

这段时期的商品经济已逐步形成，但资源配置仍属于计划经济管理体制模式，市场经济运行机制尚未建立。对于省域经济发展来说，以市场为依托的经

---

① 经济活动的区际差异只是经济区形成的必要条件，此时并未形成真正意义上的经济区。

济区初显雏形，难以发挥经济区的相应职能。此时，区域经济运行主要由中央与地方政府来操控，政府建立起了一套完整的行政管理体系，统一管理生产和分配，从中心城市到边远及省际交界地区，依靠强大的行政性要素，使经济管理得到高度整合，并强化了行政区的经济功能①。行政区在区域经济发展中扮演着重要角色，为省际交界区发展奠定了良好的基础，大三线、小三线建设就是很好的注脚。不过在行政区的作用下，各省域更多考虑的是如何发展自身经济，无暇顾及省际间经济要素合作，行政区间的冲突并不明显，省级行政边界并未对省际间关系带来实质性影响，由此形成了我国区域经济以"条条"为主的特征，或称为"块"现象。这种"块"现象导致省际交界区的内部各地区间生产结构相似，未能形成有效的地域分工和协作，经济联系不紧密，省际交界地区也难以表现出经济区的特征，尚处于低水平欠开放的发展阶段。另外，行政区和经济区冲突并不明显，即使行政区间存在经济利益上的纠纷，但由于中央政府是唯一的利益主体和投资主体，加之自上而下的"条条"管理仍显示出强大的支配作用，这种冲突能得到有效解决，省际交界区内部矛盾不大。

这一时期的行政区主导作用从表面上看是行政区替代了经济区，而真实的层面是地方没有独立的区域经济行为和经济运行主体，经济区发展并不具备相应的基础和条件，行政区只有突出自身经济职能才能代替经济区的经济职能，这种替代作用也加快了经济区形成和发展。总之，这一时期行政区与经济区矛盾关系并不显著，省际交界区仍处于一种低水平发展阶段。

三、第三时期：20世纪70年代末至21世纪初

改革开放之初，我国的发展重心从阶级斗争转向了经济建设，中央作为一元经济利益主体的格局被打破，演变为国家、地区、企业和个人等多元利益主体格局，调动了全社会生产建设的积极性。经济区获得了高效发展，但其空间范围未能有效突破省级行政区的樊篱，由此带来了两者发展目标的高度重合，

---

① 行政区经济职能强化并不意味着其政治职能削弱，反而是政治职能强化推动了经济职能强化。

出现了短暂的"情投意合"。到了20世纪80年代，一系列简政放权措施强化了地方政府的经济主体地位，行政区的经济管理权力大增，再加上相应的发展重任和政绩压力，行政区的经济职能不断强化甚至畸形化，刘君德（1996）把这种现象称为"行政区经济"。另外，市场机制的加强也不断推动经济区发展，两者之间开始出现错位。经济区发展不再拘囿于行政区，必然要突破原来的行政区边界限制，使行政区职能及其边界功能得到调整。但在行政区划、政绩考核等制度安排下，行政区作为利益主体，完全有动力实现辖区利益最大化，积极行使行政权力影响区际合理的经济往来，并干扰经济规律，企业发展也沦为行政区之间恶性竞争的附属物，从而导致行政区的经济职能对经济区经济职能的过分僭越，出现了行政区与经济区非整体重合现象。一方面，这种现象使整个省级行政区的经济发展重心落在省会城市，行政中心与经济中心的高度重合，而处于外围的省际交界区在基础设施、生产要素、服务体系、物流等方面都"背靠背"地向着本省中心地带"向心"分布，形成"隔离带缝隙"，增加了要素流动的成本，造成对商品经济大生产、大市场、大流通的阻碍，进一步被边缘化，从而形成了"行政区边缘经济"现象，影响了省际交界区经济发展；另一方面，省界演变成各省竞争的重要变量，行政区通过行政边界力量维护其行政区的利益，阻碍区域经济横向联系，限制经济区的不断拓展，使区域经济发展难以突破行政区边界的束缚，并将矛盾和冲突大量沉积在交界区。省际交界地区成为省际区域大战"最惨烈的阵地"，其内部地区间合理的经济协作关系和专业化分工被切断，最终损害了资源的合理配置和区域整体效益的提升，阻碍了省级经济区在空间范围上的延伸，限制了省际交界地区整体作为经济区的发展地位。

四、第四时期：21世纪初以来

进入21世纪，随着经济一体化进程的推进和区际经济差距的加深，区域协调均衡发展模式逐渐受到重视，并被提升至国家发展战略的高度，其中，《中华人民共和国国民经济和社会发展第十一个五年规划纲要》标志着区域协调发展战略布局的形成。在这样的发展背景下，经济区的内涵不断丰富，相互间联系更

第四章　我国省际交界区的历史演化与发展现状

加密切,行政区主体也越来越意识到按经济区内在客观要求发展区域经济的重要性,开始调整行政边界的功能,矫正行政区的畸形化职能,重视与其他省份的分工协作,行政区与经济区开始走向良性互动。

西部大开发、大力扶持老少边穷地区等一系列措施的实施,使省际交界区发展条件得到显著改善,自然资源和生态环境优势不断转化为经济发展优势;作为行政区间接触和交往最频繁的省际交界区,在经济一体化和区域协调发展背景下,其区位功能日益突出,区际经济要素流动性增强,分工与协作程度加深。省际交界区开始显现出经济区经济,如淮海经济区、晋陕豫黄河金三角地区的发展。省际交界区作为经济区需要更多地考虑企业经济活动的内在联系,但这种经济区发展会受到多个行政区的硬性约束,而各行政区间的利益博弈关系又能反过来影响到省际交界地区资源流动、企业发展和产业分工,最终影响整个经济区的进一步发展,这种现象被称为"经济区内行政"。在相应制度和政府职能等尚未有效切换,各省区经济发展水平存在差异,以及区域间合作利益上的博弈结果不同,这一时期的省际交界地区发展出现了以下三种类型:

一是强弱型省际交界区。由于存在经济势能、要素禀赋差异,发达行政区需要借助相对落后行政区的劳动力资源、市场潜力等,落后行政区需要发达行政区的资本、技术等,使各行政区对区域分工协作愿望加强,并有强烈动机推动区际分工协作及产业梯度互补。作为经济区,省际交界区迫切需要这种发展环境,使行政区和经济区能够较为理想地实现互动,因此这种强弱型省际交界地区发展更为稳定持久,以南京、滁州、马鞍山为主要城市的苏皖省际交界地区就是这种类型的典型代表。

二是弱弱型省际交界区。一方面,这类地区由于交通瓶颈、劳动力落后等因素,难以形成有效的分工协作,导致经济区内生性发展不足;另一方面,其各自所在行政区实力较弱,难以重点发展交界地区。尽管这些省际交界区对区域协调和合作发展的意愿相对要强,但是地区的边缘性和欠发达性限制了这种发展意愿,行政区与经济区难以合拍,从而阻碍了这类交界区的发展。

三是强强型省际交界区,这一类地区彼此间经济实力很强,行政区经济现

· 51 ·

象依然严重。行政区在合作博弈中十分担心对方发展对自身利益造成损害,易陷入囚徒困境式的零和均衡,阻碍省际交界区内部经济要素整合与聚集,因此难以实现更高程度的发展。

第二节 我国省际交界区的基本情况

一、我国省际交界区的类型

从省际交界地区的研究现状来看,主要由以下五种视角来划分省际交界区类型。

第一,依据省际交界区所嵌入的省份数目分为二维交界区域(如赣粤交界区)、三维交界区(如云贵川交界区)、四维交界区(如晋冀鲁豫交界区)(见图4-1)。三维、四维交界区域在我国最常见,一般很少将二维交界区作为研究范畴。不过随着维数的上升,交界地区内的情况会越复杂,所受约束条件越多,解决难度越高,社会经济发展阻力也就越大。从现有理论研究和实践发展情况来看,更倾向选取三维交界区与四维交界区。

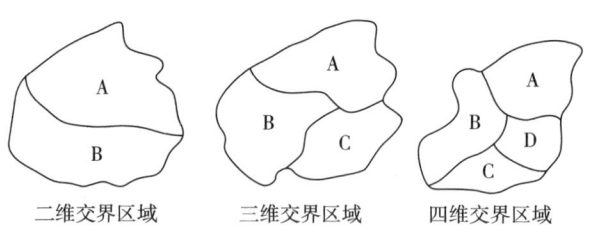

图4-1 按省份数目划分的省际交界区类型

资料来源:笔者根据相关资料整理。

第二,按照所在省区经济发展情况划分。由于省际交界区涉及多个省份,且交界区所在省份的经济发展情况很难对等,因此可以根据省份的经济差异性将省际交界区分为强弱型省际交界区、弱弱型省际交界区、强强型省际交界区三种类型。①弱弱型省际交界区多存在于中西部地区,如晋陕蒙交界区。该地区各省份经济都处于欠发达状态,基础设施与技术相对落后,劳动力与人力资源匮乏;②强弱型省际交界区多存在于东中部地区,这种交界区的省域经济水平迥异,既有发达省份,又有欠发达省份,如皖苏交界区,属于江苏省的地区经济发展水平良好,而属于安徽省的地区相对有些不足;③强强型省际交界区主要位于东部地区,如上海市与江苏省交界区、香港特区和澳门特区与广东省交界区等。三种不同的行政交界区类型代表着不同类型的经济发展状况及不同特点的竞争合作关系。

第三,按照自然地理特征划分包括:①山区型交界区。如鄂豫皖交界区主要以大别山为界。②流域型省际交界区。如晋陕豫交界区主要是以黄河为界。③平地型交界区。这类交界区主要集中于东部地区,如京津冀交界区。这三种省际交界区,发展势头较好的是平地型交界区,发展前景不够好的是山区型交界区。而流域型交界区是发展潜力最大的,流域经济具有一定的经济整体性和关联性,对于国家发展来说,具有重要的支撑作用,故流域型省际交界区发展潜力较大。

第四,从历史地理学角度来分析,把省际交界地区按省界是否符合自然地理区划分为山川形便型交界区和犬牙交错型交界区。前者大多以山川河流等自然地形作为省际之间的界线,如江西省和福建省以武夷山为界,陕西省和山西省以黄河为界。后者如云贵川交界区的省界类似螺旋形的相互突入,又如京津冀交界地区的省界划分。

第五,按照省际交界区所在的东中西部三大地区来划分,如果某省际交界区恰好位于东部地区,则属于东部省际交界区,如江浙沪交界区、京津冀交界区。此外,对于横跨东中部地区的省际交界区一般划为中部地区。相较而言,我国中西部省际交界区表现问题比较突出,具有研究的代表性。

二、我国省际交界地区的特征

省际交界区是跨区域的次区域发展概念,隶属不同的行政区划,但交界区内部地区间自然条件相似、地缘关系密切,在自然环境和社会经济发展特征上具有一定程度的完整性,同时也存在不少发展中的问题。其主要特征体现在以下几个方面:

一是地缘关系的密切性。我国省际交界区大多同属于一个自然区域,具有密切的地缘关系。如沪苏浙交界区同属于吴文化,其社会经济与自然环境具有内在的统一性;鄂豫皖交界区则属于自然区域较为完整的大别山区;湘鄂渝黔交界区具有相似的自然地理特征及资源禀赋,地区间自古以来便有着密切的地缘关系,各民族形成了统一的习俗、语言及价值取向,对区域文化具有较高认同感。总之,省际交界区一般具有紧密的地缘关系、相似的自然条件、相近的人文习俗等。

二是资源的相对丰富性。我国省际交界区资源较为丰富,据不完全统计,省区交界地带的煤炭储量约为 3000 亿吨,占全国总储量的 40% 以上,如晋陕豫、甘宁蒙、川滇黔等交界区都是煤炭资源丰富的地区。此外,省际交界区因受人类活动的干扰较少,蕴藏着丰富的具有原始性的生态旅游资源。甚至很多省际交界区在革命战争时期都做出了重要贡献,留下了厚重的红色文化资源。省际交界区拥有相同或相似的要素资源禀赋,使地区间的生产条件具有很大的相似性,因而在区域资源的勘探、开发、综合利用以及环境治理上具有较强的发展一致性,地区间良好有效持续的合作,使省际交界区的发展潜力巨大。

三是经济的欠发达性。省际交界区的区位条件极其特殊,省际交界区大多距离省会城市较远,处于省际交通网络、信息网络、物流网络、营销网络的末梢,难以纳入省级政府区域发展战略,或作为区域发展战略中的"翼"或边缘的"圈"(带),只能起到陪衬作用。省际交界区域在区域发展战略中处于边缘化的尴尬地位,加上自身发展底子薄、环境严酷,导致省际交界区发展要比其他区域面临更多的困难和挑战。省际交界区通常是所在省份贫困面最广、程度最深、脱贫难度最大的区域。

四是经济发展的脆弱性。独特的区位带来的多种发展问题在省际交界区不断叠加。许多省际交界区不仅自然条件恶劣,社会基础薄弱,而且大多为老少边穷地区,民族文化问题集中。一方面,省际交界区基本是生态脆弱地区和生态功能保护区,具有无法替代的生态功能;另一方面,省际交界区的生态环境遭到破坏,《全国主体功能区规划》计有 25 个国家重点生态功能区,其中位于省际交界地区就有 13 个,保护和发展的矛盾非常突出[①]。省际交界区既是省际合作的"诚意"之地,有利于地区间发挥比较优势,实现整体效益最大化,也是省际纠纷的集结地,是行政分割、地方分割最为明显的地区。

五是区域协调的重要性。随着区际间合作加深,区域协调发展进程不断推进,省际交界区显现出其特殊的区位功能,在区域协调发展中发挥着桥梁效应,也是区域协调发展难以回避的区域。很多省际交界区在区域协调发展中都具有战略性发展区域的重要地位,例如,鄂豫皖交界区(大别山地区)纵跨江淮,连接长江经济带和陇海经济带,连北贯南,同时又位居东中部的接壤地带,具有承东启西的区位功能;湘鄂赣省际交界区具有承东启西优势,是长江中游城市群稳定发展的支撑,也是有效促进中部崛起的重要保障。

三、我国省际交界区经济发展情况

首先,边缘效应较为严重。从地理位置看,省际交界区大多远离所在省域的核心地区,尤其是省会城市。以地级市为省际交界区中心城市,以公路里程数来简单地分析省际交界区同省会城市的距离,能够发现,省际交界区大多远离省会城市。大部分省际交界区距离与相应省会城市的公路里程数都在 300 千米以上(见表 4-1),一些区域甚至超过了 500 千米,如果考虑地形和交通等因

---

① 分别为祁连山冰川与水源涵养生态功能区、甘南黄河重要水源补给生态功能区、黄土高原丘陵沟壑水土保持生态功能区、秦巴生物多样性生态功能区、三峡库区水土保持生态功能区、大别山水土保持生态功能区、武陵山区生物多样性及水土保持生态功能区、滇黔桂喀斯特石漠化防治生态功能区、川滇森林及生物多样性生态功能区、若尔盖草原湿地生态功能区、三江源草原草甸湿地生态功能区、藏西北羌族高原荒漠生态功能区、阿尔金草原荒漠化防治生态功能区。

素,则实际的经济距离会更远,如湘鄂渝黔交界区的恩施土家族苗族自治州距武汉市约640千米,铜仁市距贵阳市约550千米。这种距离上的不便致使省际交界区难以接受核心区域的辐射。这些城市远离各省(市、区)的中心,不仅体现在实际距离上,更体现在"时间距离"上。

表4-1 代表性省际交界区交接点中心城市与相关省会城市的直线距离

单位:千米

省际交界区	所辖地市	与省会城市1距离	与省会城市2距离	与省会城市3距离	与省会城市4距离
陕甘宁	榆林、延安、庆阳、吴忠	约340	约330	约180	
甘宁蒙	中卫、白银、阿拉善	约160	约210	约740	
晋陕豫	运城、临汾、渭南、三门峡	约420	约140	约300	
鄂豫皖	黄冈、信阳、六安、安庆	约140	约410	约180	
蒙晋冀	乌兰察布、大同、张家口	约200	约350	约300	
滇黔桂	曲靖、文山、六盘水、黔西南、百色	约200	约310	约440	
云贵川	泸州、昭通、毕节、遵义	约400	约170	约350	
苏浙沪	上海、苏州、嘉兴	约40	约30	约60	
湘鄂赣	黄石、咸宁、九江、宜春、岳阳	约140	约180	约160	
湘粤桂	永州、清远、贺州	约410	约430	约230	
苏鲁豫皖	徐州、连云港、宿迁、商丘、济宁、枣庄、宿州、淮北	约360	约250	约240	约320
湘鄂渝黔	怀化、张家界、吉首、恩施、黔江、铜仁	约370	约520	约300	约330

注:1、2、3、4分别对应交界区的省顺序,如云贵川,则1为昆明,2为贵阳,3为成都。
资料来源:笔者通过ArcGIS10.2自行计算直线距离。

由于中心地的辐射会随着距离的变化而呈一定的递减趋势。因此,从省域范围来看,省域核心地区—省会对省际交界区的经济发展的带动作用有限,加上地理条件等因素影响,使省际交界区发展外生动力不足,难以有效地接受省会城市的辐射作用。

由于外在动力与内在动力不足,我国省际交界区城镇化进程一直处于低水平发展阶段。省际交界区城镇化进程有两个重要特征:一是水平低,以2019年为标准,绝大多数省际交界区尤其是中西部省际交界区城镇化率仍低于38%,尚未达到快速城镇化阶段;二是进程缓,省际交界区城镇化率尽管处于不断上升的过程中,但进程十分缓慢,年均增长约1个百分点,且与发达地区城镇化率的差距呈现不断扩大的趋势。因此,在城镇化快速发展时期,省际交界区必须加强政策引导,有针对性地促进劳动力、资本、技术等要素向一些发展条件好的地区集中,加快中心城市培育,带动省际交界地区城镇化与经济发展。

其次,极核城市少。尽管以地区、州盟等作为省际交界区的基本地域单位,但省际交界区整体城市数量还是偏少,有些省际交界区的州(盟)府是县级市,甚至有些驻地仅为镇(如阿拉善盟)。设市城市数量能侧面反映出一个地区城市化发展潜力,省际交界区设市城市数量少、分布密度低表明其城镇化滞后且经济发展潜力相对有限,难以支撑起整体区域经济发展。尤其是中西部省际交界区,存在大面积设市空白,城镇集聚产业和人口不足,很难实现农业转移人口就近城镇化,并致使经济社会成本和生态环境压力不断增加。

从城市密度来看,大多省际交界区的城市密度虽高于全国0.69个/万平方千米的平均水平。但如果将衡量尺度放大,不考虑新疆、西藏、内蒙古、青海等地区的极端情况,全国城市密度平均为1.27个/万平方千米,则大多低于省际交界区地域这个标准,其中甘宁蒙交界区最低,为0.07个/万平方千米,难以有效带动和辐射整体区域经济发展。各省际交界区之间的城市密度也存在一定差异,一般东部省级交界区城市密度较大,而中西部省际交界区城市密度较低(见表4-2)。

表4-2 代表性省际交界区的城市数量及密度

省际交界区	所辖地市	区域土地面积(万平方千米)	建制市(个)	城市密度(个/万平方千米)
陕甘宁	榆林、延安、庆阳、吴忠	12.78	4	0.31
甘宁蒙	中卫、白银、阿拉善	30.35	2	0.07
晋陕豫	运城、临汾、渭南、三门峡	5.80	12	2.07
鄂豫皖	黄冈、信阳、六安、安庆	5.44	7	1.29

续表

省际交界区	所辖地市	区域土地面积（万平方千米）	建制市（个）	城市密度（个/万平方千米）
蒙晋冀	乌兰察布、大同、张家口	5.79	4	0.69
滇黔桂	曲靖、文山、六盘水、黔西南、百色	12.83	6	0.47
云贵川	泸州、昭通、毕节、遵义	9.29	6	0.65
苏浙沪	上海、苏州、嘉兴	1.87	8	4.28
湘鄂赣	黄石、咸宁、九江、宜春、岳阳	6.69	11	1.64
湘粤桂	永州、清远、贺州	5.30	5	0.94
苏鲁豫皖	徐州、连云港、宿迁、商丘、济宁、枣庄、宿州、淮北	6.65	15	2.26
湘鄂渝黔	怀化、张家界、吉首、恩施、黔江、铜仁	9.71	5	0.51

资料来源：《中国城市统计年鉴2020》及EPS数据信息服务平台。

再次，中心城市带动能力弱。为了更好地适应社会经济发展需要，国务院对城市与人口进行了有效管理，2014年国务院重新调整了原有城市规模划分标准，将城区常住人口规模为100万~300万的城市划分为大城市，300万~1000万的划分为特大城市，1000万以上的划分为巨型城市；而50万~100万的划分为中等城市，20万~50万的划分为Ⅰ类小城市，20万以下的划分为Ⅱ类小城市。按照这种城市等级划分标准，除了苏浙沪交界区，大多数省际交界区没有特大城市，大城市与中等城市数目较少。省际交界区的城市大多为小城市，中等城市数目较少。因此，相应城市尤其是中心城市发展不足，限制了人口和产业的承载能力，从而制约了省际交界区经济发展。

根据中国统计部门的统计说明，一般意义上所说的"市"的面积并不是区域经济学意义上城市化的面积，通常用建成区来反映一个城市的城市化区域大小。建成区面积一般是指已经成片开发建设并具备市政公用设施和公共设施的区域，其面积大小通常反映了城市的发展实力。我国地级及以上城市的建成区面积平均值为123.30平方千米，但大部分省际交界区均未达到这个均值。从建成区面积占市区面积的比重来看，多数省际交界区与全国地级及以上城市建成区面积占比均值5.50%仍存在较大差距。城市建成区面积小，致使城市集聚效应不足，

第四章　我国省际交界区的历史演化与发展现状

辐射半径过小，难以形成新的增长极，不利于经济增长和市场空间在区际平衡分布(见表4-3)。

表4-3　代表性省际交界区的城市等级与规模情况

省际交界区	地市名称	城市人口(万)	建成区面积(平方千米)	市区(平方千米)	建成区面积占比(%)
陕甘宁	榆林	55.00	70.00	7053.00	0.99
	延安	46.70	36.00	3556.00	1.01
	庆阳	38.10	25.00	996.00	2.51
	吴忠	39.70	48.00	1107.00	4.34
甘宁蒙	中卫	40.40	38.00	6877.00	0.55
	白银	49.00	60.00	3478.00	1.73
	阿拉善	—	—	—	—
晋陕豫	运城	68.90	52.00	1215.00	4.28
	临汾	80.60	54.00	1316.00	4.10
	渭南	88.80	71.00	1221.00	5.81
	三门峡	29.50	30.00	185.00	16.22
鄂豫皖	黄冈	36.30	47.00	362.00	12.98
	信阳	149.10	84.00	3604.00	2.33
	六安	187.90	70.00	3583.00	1.95
	安庆	73.30	81.00	821.00	9.87
蒙晋冀	乌兰察布	31.80	57.00	527.00	10.82
	大同	176.20	108.00	2080.00	5.19
	张家口	87.70	86.00	376.00	22.87
滇黔桂	曲靖	72.50	66.00	1553.00	4.25
	文山	47.50	24.00	212.00	11.32
	六盘水	46.90	39.00	469.00	8.32
	黔西南州	83.40	38.00	368.00	10.33
	百色	35.10	37.00	3718.00	1.00
云贵川	泸州	149.10	109.00	2133.00	5.11
	昭通	85.80	37.00	2163.00	1.71
	毕节	155.00	39.00	3412.00	1.14
	遵义	87.60	86.00	1316.00	6.53

· 59 ·

续表

省际交界区	地市名称	城市人口(万)	建成区面积(平方千米)	市区(平方千米)	建成区面积占比(%)
苏浙沪	上海	1361.30	998	5155.00	19.36
	苏州	331.00	441.00	4467.00	9.87
	嘉兴	85.20	93.00	968.00	9.61
湘鄂赣	黄石	63.30	88.00	237.00	37.13
	咸宁	62.00	72.00	1510.00	4.77
	九江	65.20	100.00	599.00	16.69
	宜春	109.50	65.00	2532.00	2.57
	岳阳	118.30	88.00	1413.00	6.23
湘粤桂	永州	115.60	60.00	3181.00	1.89
	清远	133.50	88.00	3650.00	2.41
	贺州	102.90	31.00	5517.00	0.56
苏鲁豫皖	徐州	323.60	276.00	3038.00	9.08
	连云港	98.20	150.00	1498.00	10.01
	宿迁	166.40	75.00	2153.00	3.48
	商丘	182.20	62.00	1697.00	3.65
	济宁	150.10	176.00	1644.00	10.71
	枣庄	226.20	146.00	3069.00	4.76
	宿州	187.00	70.00	2868.00	2.44
	淮北	106.80	80.00	760.00	10.53
湘鄂渝黔	怀化	37.00	61.00	773.00	7.89
	张家界	52.60	33.00	2572.00	1.28
	吉首	30.50	30.00	1058.00	2.84
	恩施	81.40	21.00	3972.00	0.53
	黔江	19.10	22.00	2402.00	0.92
	铜仁	45.80	43.00	1854.00	2.32

资料来源：《中国城市统计年鉴2020》及 EPS 数据信息服务平台。

最后，边界切割效应明显。省际交界区是由分属于不同省际行政区的地区组成的区域。由于省际交界区是省际合作和贸易往来最前沿的地区，这些地区间本应该具有很好的合作关系，实现良好的分工协作。但是，在我国特殊的制度语境下，行政区的发展具有独立的经济属性，带来了行政区经济现象。在这种现象下，各省可能更多地考虑自身利益最大化，容易"各自为政""画地为牢"。在省际交界区发展中，地区间容易引发资源环境相争、产业结构重叠等一系列问题，难以形成有效的地域分工和协作，经济联系不紧密。省际交界地区成为省际区域"大战"的"最惨烈的阵地"，其内部地区间合理的经济协作关系和专业化分工被切断，最终影响了资源的合理配置和区域整体效益的提升，阻碍了省级经济区在空间范围上的延伸，限制了省际交界地区整体作为经济区的发展地位。省际交界区这种经济发展上的滞后性、不协调性和不稳定性演化为一种具有明显分割性和边缘性特征的"行政区边缘经济"。马光荣和赵耀红（2022）采用高精度的栅格层面夜间灯光亮度海岸：越靠近行政边界的栅格，夜间灯光亮度水平越低，在0~20千米内洼地效应尤为明显。距离省界0~10千米、10~20千米的栅格灯光亮度，相比20千米以外非边界地带的灯光亮度平均降低27.3%和9.9%。越靠近边界地带，道路、医院和学校等基础设施提供水平也越低。这将导致商品和要素流动不畅，阻碍区域间贸易往来，降低省际交界区的市场规模和发展潜力，从而对省际交界区的投资水平和经济发展产生负面影响。

第五章 省际交界区空间结构形成演进机理

第一节 模型构建

区域空间结构是区域产业、要素与职能分布的地域投影及空间组织形式，通过集聚与扩散在空间上交替的作用，强化了区域之间的交流方式与强度，促使各区域与相互辐射区域之间的互动联系的加强，以及区域格局的空间高级化演变。本书采用较为前沿的新经济地理学作为分析框架，结合省际交界区自身的特殊性，通过引入新的变量和放松原有的假定条件进行拓展分析，有利于探索省际交界区空间结构形成演进机理。

一、基本假设

1. 关于省际交界区的空间假设

由于省际交界区的区位十分特殊，省际交界区是由处于复杂相互依存和相互作用的省际边界片区有机联系和作用的整体，并不是几个省际边界片区经济活动的加总分析。考虑到行政区划、行政分割等因素限制，省际边界片区间是一种互不隶属的平行关系,很难存在一个整体性区域的中心城市。换言之,省际交界区的中心城市并不是单一的,而是由多个立足于省际边界片区的中心城市组成的,因此在分析省际交界区中心城市发展时,应立足于相应的省际边界片区中心城市发展,才能更好地分析整体性区域发展。基于此,为了使模型尽可能地简化,同时又能确保假设和现实结论有一定的合理距离,本书借鉴 Krugman 和 Venables(1995)的中心外围模型加以分析拓展。假设存在一个三类地区,即 0、1 和 2 的经济体,其中 0 表示省外地区,1 和 2 表示对象省域,并分为两类地区,即省域内部地区 1 及省际交界区 2。同时忽略省际间劳动力流动的影响,尽管我国存在大量农民工的流动,但当前的户籍制度限制了省际劳动力的实质性流动,尤其是劳动力身份的转变,每年春节时的返乡高峰就是一个很好的例子,因此可以将省际间劳动力流动近似为零流动。

2. 关于产业部门的假设

经典中心外围模型中假设对农业部门具有规模收益不变、完全竞争市场的特征。由于城市的集聚更多体现为工业活动的集聚,Krugman 和 Venables(1995)将城市视为制造业经济活动集聚的空间经济体,即被农业腹地包围的制造业集聚地,加上本书主要研究中心城市的发展,故不考虑农业部门的消费情况,或者假设不存在农业部门,因此制造业的经济活动被视为中心城市的发展。这样做的另一个好处是省去了一些参数带来的计算麻烦,且不影响模型的核心机制变化,同时这种处理下的人口与企业的空间集聚活动的演化特征能有效地反映省际交界区空间结构发展与演进机理。

为了模型简便化,假设每个劳动者只提供一单位劳动,且劳动力是同质的。同时,将工业部门置于迪克西特—斯蒂格里茨垄断竞争框架下进行分析,以规模收益递增和垄断竞争为典型特征,并且每个企业工业部门只使用劳动力作为生产要素,工业部门的生产技术相同,工业部门是对称的,即不同厂商的产出水平和价格水平相同。不同工业品之间的替代弹性是不变的。厂商最优定价就是加成定价,均衡时每个厂商利润都为零。每个企业生产一种产品,企业数量就是产品种类数。假设每个厂商的固定劳动力需求量为 α(单位劳动量)及边际

劳动力需求量 β，在地区 k 的厂商生产 x_{ik} 单位产品的生产函数表达式为：

$$Z_{ik} = \alpha + \beta x_{ik} \tag{5-1}$$

式(5-1)意味着随着厂商的产量增加，其单位产品所需的要素会减少，即厂商生产具有规模报酬递增性质。进一步厂商的生产成本可记为：

$$C_{ik} = w_i(\alpha + \beta x_{ik}) \tag{5-2}$$

其中，w_k 为地区 k 劳动力工资。

3. 关于消费者行为的假设

由于忽略了农产品的影响，消费者只消费工业制造品，其效用符合不变替代弹性函数(CES)，表达式为：

$$U = \left(\sum C_i^{(\sigma-1)/\sigma}\right)^{\sigma/(\sigma-1)} \tag{5-3}$$

其中，C_i 为消费者对产品 i 的消费量；σ 为产品间的消费替代弹性，且大于1。该函数代表着消费者多样化偏好，即随着 σ 增加，消费者更加渴望所能消费到的产品种类，这间接说明了消费者为什么喜欢市场规模大的地区。

4. 关于地区间交易成本的假设

关于地区间的交易成本，引入冰山成本的概念。由于省际交界区既会受到自身省域范围因素的影响，也能受到省际间关系因素影响，因此引入两类交易成本，即假如省内地区间在运输产品时，一单位产品最后只剩下 1/τ 个单位产品，其余的部分则在运输过程中融化了。而从省外到省内任一地区间运输一单位产品时抵达目的地产品为 1/ρ 单位。从制度经济学角度来看，ρ 可看成省际间经济活动来往的交易成本。同时为了简便化，假设向省外输出产品时不存在运输成本，以某省为研究对象，对该省产品输出而言，其肯定会考虑能够产品输出最大化，产品输出的运输成本为0。不过，该省的产品输出对于他省而言就是产品输入，此时对于他省来说会存在产品输入的贸易成本，但这个贸易成本属于其他省的研究范围。由于省际和省内背景情况存在不同，对于τ来说，ρ 背后的形成机制更为复杂，会受到自然地理条件、交通基础设施等显性因素的影响，同时也会受到地方保护、政府间税收竞争等隐性因素的影响。而τ主要受省内地区间交通、地理条件等因素的影响。

二、分析模型

1. 市场均衡

由厂商的垄断竞争性质可得厂商 i 的利润为 $\pi_{ik} = p_{ik}x_{ik} - w_k(\alpha + \beta x_{ik})$，其利润最大化时的价格策略就是根据边际成本的不变加成定价法定价，记为 $p_k = \beta w_k \sigma/(\sigma-1)$。由于产品价格与产品种类无关，因此去掉了 p 的下标 i。但这些企业面对的是垄断竞争市场，意味着其他企业不可以自由进入，从而导致均衡时每个企业均衡利润只能为 0，同时得到每个企业均衡时的产品产出量，即 $x = x_{ik} = \alpha(\sigma-1)/\beta$，同产品种类及地区无关，故可去掉 x 的下标 k。从上式可以看出，不管企业数量多少，每个企业规模是一样的，因为均衡产量是固定的。因此，每个企业所需要的劳动力总量为 $\alpha\sigma$。如果地区 k 所拥有的劳动力禀赋为 L_k，则均衡时地区 k 所能生产的工业产品种类数为 $n_k = L_k/\alpha\sigma$。该式代表两层经济学含义：首先，一个地区的产品种类数与该地区劳动力数量呈比例关系，劳动力的转移也就是企业的转移；其次，一个劳动力投入多的地区比投入量较小的地区所生产出的产品种类多，这也就是通常所说的本地市场效应。

为了简化讨论，选择合适的计量标准和单位，关于产品单位，通过标准化处理使工业劳动力供给等于产品种类数量：$n_k = L_k$。根据消费者价格指数定义，结合效用函数和运输成本，可以得到每个地区实际的消费者价格指数。首先，对生产产品总数分别在三类地区加以份额定义，每类地区的产品份额实际上也等于它们的劳动力输入份额，即 $\lambda_k = \dfrac{n_k}{\sum_l n_l} = \dfrac{L_k}{\sum_l L_l}$。

2. 空间结构均衡

以省外地区的工资率为计价单位，则价格指数可进一步转化为：

$$P_0 = K\left[\lambda_0 + \lambda_1 w_1^{1-\sigma} + \lambda_2 w_2^{1-\sigma}\right]^{\frac{1}{1-\sigma}} \tag{5-4}$$

$$P_1 = K\left[\lambda_0 \rho^{1-\sigma} + \lambda_1 w_1^{1-\sigma} + \lambda_2 (\tau w_2)^{1-\sigma}\right]^{\frac{1}{1-\sigma}} \tag{5-5}$$

$$P_2 = K\left[\lambda_0 \rho^{1-\sigma} + \lambda_1 (\tau w_1)^{1-\sigma} + \lambda_2 w_2^{1-\sigma}\right]^{\frac{1}{1-\sigma}} \tag{5-6}$$

其中，$K = (n_0+n_1+n_2)^{\frac{1}{1-\sigma}}$。假设省外地区劳动力 L_0 是给定的，并且省内两地区的劳动力分配如果是已知的，分别为 L_1、L_2，且 $L_1+L_2=L$，进一步可以得到短期均衡时工资率。但劳动者迁移的标准是按照地区间实际工资差异来决定的，因此还需要知道均衡时实际工资如何决定的。各地区的消费者的收入主要用来消费三地区的产品，例如，地区 0 的消费者收入情况如下式：

$$Y_0 = n_0 p_{0,0} c_{0,0} + n_1 p_{1,0} c_{1,0} + n_2 p_{2,0} c_{2,0} \tag{5-7}$$

其中，Y_0 为地区 0 的收入，$p_{1,0}$ 为地区 1 产品在地区 0 的销售价格，$c_{1,0}$ 为地区 0 消费者对地区 1 产品的消费量，以此类推。由于消费者效用函数是拟线性偏好，求解效用最大化可得：

$$c_{0,0} = c_{1,0} \left(\frac{p_{0,0}}{p_{1,0}}\right)^{-\sigma} \tag{5-8}$$

$$c_{2,0} = c_{1,0} \left(\frac{p_{2,0}}{p_{1,0}}\right)^{-\sigma} \tag{5-9}$$

将式(5-8)、式(5-9)同时代入地区 0 的实际价格消费指数公式即式(5-4)中，则：

$$p_{1,0} c_{1,0} = Y_0 \left(\frac{p_{1,0}}{P_0}\right)^{1-\sigma} \tag{5-10}$$

式(5-10)说明了地区 0 的消费者对地区 1 产品的消费收入，同理还可得出不同地区消费者对其他地区产品的消费情况。而地区 1 的总收入来源于该经济体全部地区对地区 1 产品的支出。可得：

$$w_1 L_1 = n_1 \left[Y_0 \left(\frac{w_1}{P_0}\right)^{1-\sigma} + Y_1 \left(\frac{w_1}{P_1}\right)^{1-\sigma} + Y_2 \left(\frac{w_1}{P_2}\right)^{1-\sigma} \right] \tag{5-11}$$

进一步简化为：

$$w_1 = \left[Y_0 P_0^{\sigma-1} + Y_1 P_1^{\sigma-1} + Y_2 (P_2/\tau)^{\sigma-1} \right]^{1/\sigma} \tag{5-12}$$

同理得：

$$w_2 = \left[Y_0 P_0^{\sigma-1} + Y_1 (P_1/\tau)^{\sigma-1} + Y_2 (P_2)^{\sigma-1} \right]^{1/\sigma} \tag{5-13}$$

这样就得到了省内地区 i 的实际工资为 $\omega_i = w_i/P_i$，由于省内劳动力是按照实际工资高低考虑迁移的,因此当省内两地区的实际工资相等时才能实现均衡。不过这样的均衡并不一定是稳定的,因为还需要根据区域经济活动均匀分布状态和区域分异的极端状态衡量这种均衡的稳定性是否可以持续。为了进行基本的动态分析,施以一个简单的劳动力供给动态调整机制,即 $dL_1/dt=-dL_2/dt-\delta(\omega_1-\omega_2)$,或 $\dot{s}_1=s_1(1-s_1)(\omega_1-\omega_2)$,其中,$s_1$ 为地区1劳动力份额。从式中可以看出,这种机制下有两种类型的长期均衡解:一个是内点解,即两地实际工资相同所得到的均衡结果;另一个是角点解,即工业劳动力全部集中于某一地区。若 $\omega_1>\omega_2$,则人口完全集中于区域1的情况就是一种均衡;反之,则集中于交界区2。

尽管上述模型的逻辑简单易懂,但实际工资很难用显函数表示出来,并取得解析解,因此只好借助数据模拟分析。通过数据模拟得出实际工资差异和地区1的工业劳动力份额,然后将两者建立坐标可得相应滚摆线图。根据 $dL_1/dt=-dL_2/dt-\delta(\omega_1-\omega_2)$,考虑实际工资相等时的对称均衡点,如果滚摆线斜率是向下倾斜的,此时均衡是稳定的;如果它是向上倾斜的,这种均衡就是不稳定的。对于角点解来说,假如人口全部集中于地区1,且地区1的实际工资大于地区2,角点解均衡就会维持下去。

第二节 集聚扩散机制与省际交界区空间结构

从上述模型来看,表面上是工资的差异会引起劳动力和厂商的流动,进而引起整个空间结构的变化。但最终会看到,决定空间经济活动的本质来源在于三种效应,即本地市场效应、价格指数效应与市场拥挤效应。其中,本地市场效应源于企业垄断竞争和规模报酬递增的性质,这种性质使企业倾向选择市场规模较大的地区进行生产,因为生产分布变化引起地区相对市场规模的同步变化,而地区市场规模的变化又会导致生产活动的进一步集中。从式(5-4)可以

省际交界区空间结构形成演进与优化整合

看出,当生产活动向某一地区集中时会使该区的相对价指数下降,从而使实际工资和收入提高,即价格指数效应使人们更倾向于流向该地区,增加了该地区的集聚力。同时,本地市场效应与价格指数效应会共同发生前后项关联作用,当本地厂商数量增加时,意味着消费者需要从外地购入的商品种类减少,进而支付的贸易成本下降,导致本地生活费用下降和实际工资水平提高,于是吸引工人流入,劳动力供给增加使本地名义工资下降,也使厂商生产的平均成本和边际成本下降,本地厂商利润增加,同时吸引更多的厂商进入,从而形成循环累积因果机制,具有自我强化的特点,构成了经济活动空间配置的内生非均衡力量,使经济活动倾向于集聚。这两种效应构成了一个地区空间经济活动的集聚力,这种集聚力必然引起经济活动的集聚。但经济活动不可能无限集聚,由于土地等要素的不可移动、运输和贸易成本增加以及拥挤等非经济性因素会产生离心力,即市场拥挤效应,这种离心力会带来经济活动在空间上的扩散。总之,本地市场效应和价格指数效应带来的集聚力和市场拥挤效应带来的离心力决定了经济活动空间结构的最终变化,当集聚力大于离心力时,任何初始的冲击将进一步自我加强,经济活动呈现集中于某一地区的现象,进而促进该地区中心城市发展。如果离心力大于集聚力,那么将会发生相反的作用,抵消初始冲击,使初始的对称均衡处于稳定状态,引起区域空间经济活动的相对均衡发展。

那么,如何度量集聚力和离心力?从静态的角度来看,集聚力与离心力的强度会受到制成品的规模(由制造业在消费者总消费中所占的份额决定)、产品差异化程度、消费者对多样化的偏好程度等因素的影响。如制造业在总消费中所占的份额会产生两种效用,因为边缘的制造业工人不得不大量进口核心区的制造业产品,承担运输导致的额外成本,并提高生活成本,制造业消费份额越高,对边缘区居民的生活成本影响越大,于是导致核心区更有吸引力,集聚力增强。工业品替代弹性和规模经济密切相关,替代弹性较低对应着较高的规模经济,使市场的吸引力增强。因此,在一定范围内,制造业部门的消费份额越大,产品差异化程度越明显,消费者多样化偏好程度越深,地区发展的集聚

第五章 省际交界区空间结构形成演进机理

力就越强。从动态的角度来看,新经济地理学引入了交易成本这一关键变量,地区间交易成本的存在,是决定区域分异的重要参数,使经济活动有了空间上的自组织性,引起了集聚力和离心力的角逐,并最终决定经济活动是倾向于分散还是集聚某一地区,带来了经济活动空间演化的精彩之处。考虑到省际交界区的特殊性,引入 ρ 与 τ 两种类型交易成本,来分析其经济活动空间演化特征,进而为省际交界区空间结构形成演进提供一个良好的分析基础。

对于省际交界区经济发展来说,省际交界区经济大多发展滞后,发展初期并不能形成有效的经济合作网络。而省际交界区经济中心会首先集中在少数条件较好的区位,此时,只有一些上述节点城市借助自身资源丰富特色、社会经济支撑能力强与地理区位优越的条件,不断发挥集聚效应,有效吸引经济要素集聚,成为省际交界区域内最早起步、最快发展、最先集聚的节点城市,这类城市大多位于中心城区,如位于湘鄂渝黔交界区的张家界市离省会长沙约400千米,难以有效接受其辐射。张家界市充分立足于自身的旅游资源,实行旅游兴市战略,把旅游业作为战略性先导产业发展地区经济,已成为中国最重要的旅游城市之一,是湘鄂渝黔交界区最重要的中心城市之一。这些经济节点往往发展成"点—轴"开发模式中的"点",佩鲁把因产业部门集中而优先增长这些先发地区称为增长极,该增长极一经形成,就要吸纳周围的生产要素,使本身日益壮大,并将周围的区域成为极化区域,当这种极化作用达到一定程度,并且增长极已扩张到足够强大时,会产生向周围地区的扩散作用,将生产要素扩散到周围的区域,从而带动周围区域的增长。这些节点地区逐步壮大并产生扩散作用,带动了周边甚至省际交界区整体经济发展,并服务于几乎包括省际交界区的所有区域和广阔腹地范围(见图5-1),形成了以早期节点增长极城市辐射带动的省际交界区域面的雏形,促进了省际交界区空间系统的逐步生长。随着省际交界区经济发展和新兴节点的诞生,这些新节点在区域内会加快规模、职能、空间上的分化与分工,那些经济发展历史较早、经济等级较高、交通设施较优的节点城市的规模逐步增大,并在规模达到一定程度后出现扩散现象,在集聚扩散机制下原节点城市不断升至高一级中心地,同时在新的地点逐次开始产生新的次一级、二级或三级中心地，整个省际交界区空间结构呈现基本的中心地等级体系。在扩散机制的继续加持下，四级和五级中心地开始形成，一些边界口子镇开始得到有效发展，中心地功能结构更加丰富和完善，规模结构出现了明显分异。

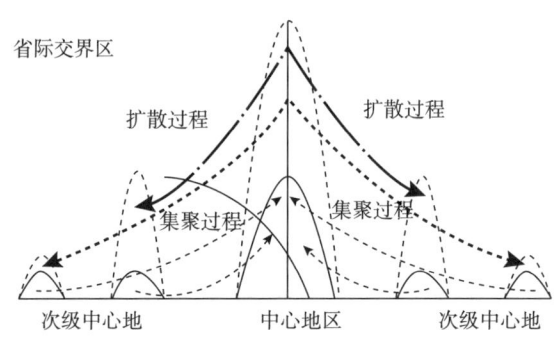

图 5-1 集聚扩散机制与省际交界区空间结构

资料来源：王印传，等. 省际边界城镇发展研究：首都经济圈省际边界城镇类型探讨[J]. 城市发展研究，2011，21(1)：96-101. 笔者在此基础上进行了拓展与整理。

对于这一时期省际交界区空间结构优化而言，第一，在省际交界区域范围内，确定若干具有良好资源基础、市场区位、开发基础和交通条件的节点进行重点发展，充分发挥其对省际交界区经济发展的关联带动作用。在每一级中心地成长起来之后，应该在其适宜的辐射距离内，选择有较好经济发展条件的边缘节点、末端节点作为次级经济发展中心，逐步实现各级经济中心地在省际交界区范围内的重复覆盖与深度影响。第二，加强不同等级、规模经济中心地的市场合作、资源开发协作和信息交流，突出不同级别经济中心地的职能，实现中心地体系的经济差异化分工，以及各等级中心地在时间、空间、强度等方面的互补。

第三节　中心边缘机制与省际交界区空间结构

分析省际交界区空间结构变化，不能脱离省际交界区所在省域经济空间结构来分析，也需要从省域范围自身因素来分析省际交界区空间结构的发展。其实这种情况可视为省际间交易成本无穷大时另一个版本的解读，即将省域经济作为封闭经济体处理，因此该情形下的省域经济发展可看作经典的"核心—边缘"模型的一种退化。关于这一部分数据模拟可以参照 Krugman（1991）的经典"核心—边缘"模型，本书更多从活动机理方面对省际交界区空间结构发展进行分析。在我国省域经济发展中，行政区对经济发展的影响很大，刘君德（1996）称其为行政区经济。因此，我国省域经济在发展之初，彼此之间联系较少，在自身未能充分发展起来的情况下，很难同其他省份建立起良好的合作关系，更多先考虑自身的经济发展。对于省域范围内空间经济活动来说，省会等重点地区相对于省际交界区而言，无论在第一性条件，如自然资源、气候、地形等条件，还是第二性条件，如交通、政策环境等条件都具有相对优势，这种优势使其发展的集聚力大于离心力，从而省域经济活动更多地集中于省会等重要地区。即使考虑省域经济从完全对称的初始均衡出发，如充分考虑该省域是均质的，其第一性条件完全一样，那么很小的历史事件可能使一个区域成为核心区，使另一个区域成为边缘区，这意味着要想维持一个均衡的空间格局是很难的，因为省会地区初始条件比省际交界区好，人们会预期省会地区优于省际交界区，而倾向于流向省会地区，带来锁定效应，最终形成省会城市在省域经济中的中心地位。所以省际交界区容易被边缘化，其空间结构难以得到优化整合，导致中心地系统难以获得有效发展，抑制了省际交界区经济发展，更多的是被动接受省会城市的辐射作用，加上这种辐射作用在距离及地理条件等因素的影响下，会产生衰减作用，致使省际交界区经济活动接受辐射程度有限（见图 5-2）。由于省际交界区很难吸引经济活动的集聚,该地区的中心城市发展相应受到抑制,在城市能级与体量上难以超过省会城市等,最终导致省际交界区空间结构容易停留在节点状离散发展阶段。难以提升至"点—轴"空间结构、放射串珠状空间以及轴辐式网络空间状态。

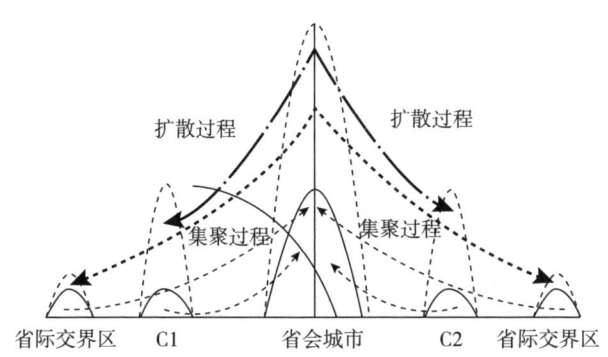

图5-2 中心边缘机制与省际交界区空间结构

资料来源:王印传,等. 省际边界城镇发展研究:首都经济圈省际边界城镇类型探讨[J]. 城市发展研究,2011,21(1):96-101. 笔者在此基础上进行了拓展与整理。

不过,随着省会地区的不断发展,土地价格、房价等因素带来的离心力会进一步加强,甚至会超过集聚力,此时经济活动将在省会地区呈扩散现象,从而带动周边地区。但这种扩散效应会随着交易距离的增加而呈递减的趋势。此时省际交界区如能有效地对接省会城市的技术与产业等,实现交易距离的缩短,就能提高其经济活动集聚力,促进其中心城市的崛起与发展,推进省际交界区经济的快速发展,优化空间结构。在这种情形下,相应的交通轴线是省际交界区"点—轴"空间结构形成的必要条件,以及发育和进步的关键因素。它不仅影响域内经济节点之间的联系与作用形式,而且影响省域内"点—轴"空间结构的发展。交通轴线是省际交界区轴线空间布局的基本框架,其等级和质量会影响省际交界区轴线的等级和质量。因此,加强省际交界区交通建设,促进节点的发育、扩散和联系,促进省际交界区交通轴线的形成,能推进轴线上主要节点

第五章 省际交界区空间结构形成演进机理

的集聚与扩散，带动经济发展，而这又会反过来带动区域交通需求，促使省际交界区进一步加强交通线路建设，最终促成省际交界区"点—轴"空间结构的形成。因此，对于省际交界区发展来说，虽然其自身条件总体弱于省域范围内省会等重点地区，但并不意味着其难以发展。省际交界区中心城市一方面要积极创造条件，通过完善相应的交通体系、搭建畅通的信息平台等途径，加强与省会城市的联系与对接；另一方面要立足自身的要素禀赋，充分拓展深化交通轴线，加快互联互通。通过轴线建设，提升节点城市辐射能力，而轴线的发展与延伸速度、强度，在很大程度上依靠最高级别节点对腹地的能力辐射与传导能力；节点具有一定的经济能级与体量，都进行着能量集聚—释放—再集聚—再释放的过程，实现经济势能在轴线上的渐次传导、链式推进过程。

对于省际交界区空间结构优化而言，首先，确定省际交界区域内若干具有良好经济发展条件的中心地之间的线状交通基础设施轴线，及其同省域内其他中心地之间的交通轴线，对轴线地带特别是轴线上的若干个节点选行重点发展，对位于轴线上和轴线辐射范围内的节点地区进行优先开发；其次，加强交通轴线的建设，促进各节点（域面）之间的联系和省域内经济可达性的提高，实现节点（域面）之间的经济专业化分工与协作，将资源开发、产业布局与重点交通线路紧密结合并统一规划，形成有机的省际交界区空间结构。

第四节　中介屏蔽机制与省际交界区空间结构

一、模拟分析结果

省际交界区独特的区位使其经济活动不可避免地受行政边界因素的影响，这是省际交界区空间结构发展的特殊性。近年来，地方政府逐步由管理型向服务型转变。出于为市场主体服务和创造良好发展环境的需要，地方政府更多地从重点任务、重大战略、要素互补和产业政策上考虑省际关系的协调对接。在此情况下，地方政府为了保护本地市场，对商品和要素流动施加各类显性的或隐性的行政限制（Poncet，2005；Yong，2000），省际边界容易形成屏蔽效应，由于缺乏有效的地区间协调机制，跨地区基础设施难以实现有效的互联互通，如省界地带广泛存在"断头路"现象，劳动力的跨区划流动也因社保、户籍等因素被限制。这些政策壁垒造成行政区划边界两侧难以形成统一市场，商品无法充分跨区域贸易（黄新飞等，2014）。行政边界两侧的资本与劳动等要素无法充分流动，要素回报在边界两侧存在明显差异。当然，在一定程度上，省际间如果充分协调合作，省际交界区可以形成"中介效应"，为经济要素跨越边界的互动交往创建平台与机制。因此，需要研究边界因素带来的中介屏蔽机制如何影响省际交界区空间结构的发展，即考虑省际间交易成本对省际交界区经济活动空间影响（见图5-3），由于省际间关系会通过省界来体现，所以这种影响效应被大多数学者称为省际边界效应。因为 L、σ、L_0 等在模型中外生给定，故令地区1和地区2所在省份的总劳动力标准化为1，σ＝4，τ＝1.4，L_0＝10。接下来，运用上述动态分析机制来分析省际间关系变化下的省际交界区经济活动的聚散

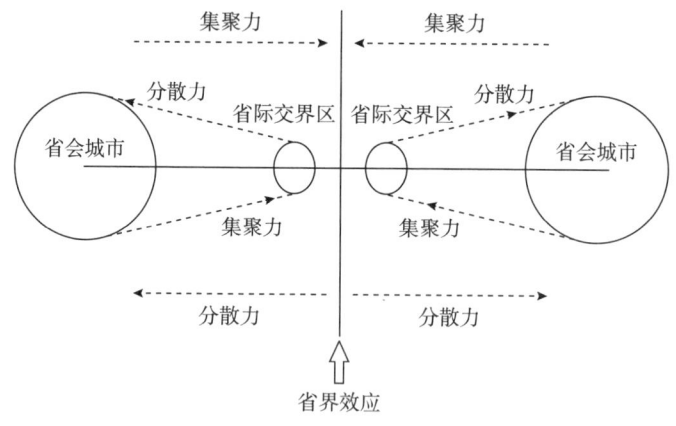

图 5-3　中介屏蔽机制与省际交界区空间结构

资料来源：笔者根据相关资料自绘。

性及其带来的空间结构演化。令其他参数不变,只考虑 ρ 的变化,分别记为 $\rho_L > \rho_M > \rho_S$,这里为非一般化,本书将三者分别取值为 1.85、1.81、1.77。参数设定后,采用 Matlab 软件编程,并运用迭代法进行数值模拟。

模拟结果如图 5-4 所示,当省际间交易成本较高,为 ρ_L 时,省际间边界效应会呈现较强的屏蔽作用,地区间均衡分布的结构是不稳定的,人口分布的均衡被打破,因为斜率为负,导致人口很容易集中于某一地,此时稳定的状态就是集中于某一地,只有核心边缘的情形是稳定的。在这种情况下,省际交界区很难获得经济发展。而经济要素与发展重心都集中于省会等中心城市,省际交界区缺乏与省会中心城市之间联系,省会城市表现出明显的极化效应,难以辐射省际交界区,抑制了省际交界区空间结构优化调整。此时,省际交界区点轴结构难以演化与维持,更多地停留在封闭经济体下的内生发展,空间结构保持一种节点状离散发展阶段,省际交界区空内部少数节点会得到一定发展。当省际交易成本处于中间状态,为 ρ_M 时,省际间开放度有所提高,会有两种均衡状

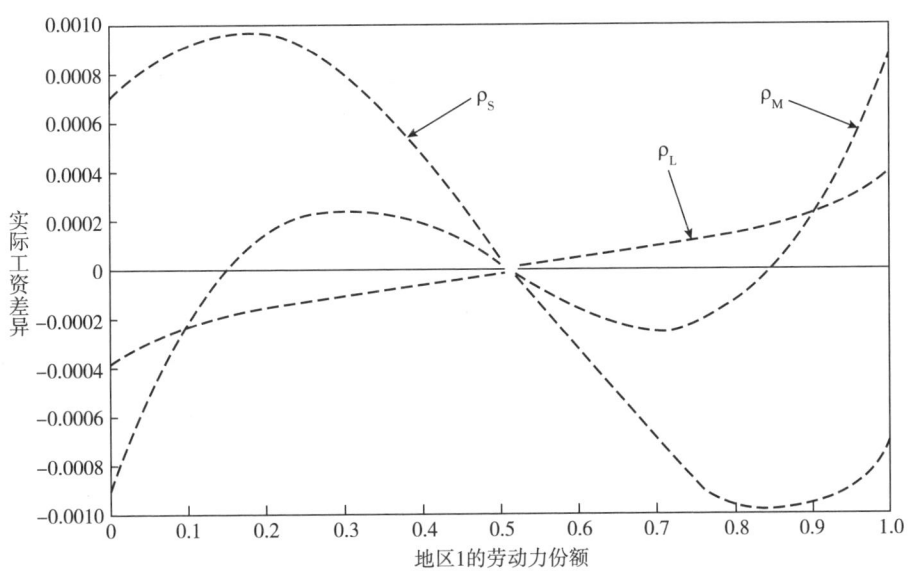

图 5-4 不同省际间关系下的实际工资差异与地区 1 劳动力份额的关系

资料来源:笔者根据相关资料整理。

态：一种是对称结构，此时省际交界区也能得到有效发展；另一种是核心边缘结构。不过这种均衡状态很容易被打破，因为人们的预期会起到重要作用，如人们预期省会城市条件好，就会流向省会城市，从而导致核心边缘格局的呈现。而当省际交易成本降到 ρ_S 时，省际间经济往来相对自由，贸易壁垒相对较少，此时省际边界效应呈中介效应，省内地区间的分布呈现一种相对均衡分布，且这种分布是稳定的，此时省际交界区得到有效发展，经济要素流动加强，内部经济联系程度加深，边缘效应开始弱化，呈现较强的发展潜力。

二、机理分析

从背后的机理来看省际交界区空间结构发展。首先，分析 ρ 较大时的情况，主要表现为以地方保护主义、行政分割为特征的屏蔽效应，各地区会设置有形及无形的贸易壁垒来阻碍省际间经济活动的来往，不断增强生产要素在省内市场的流动性。由于省会地区区域优势明显，市场潜力大，需求和投入大量集中于此，经济活动密切，易集聚巨大的势能，吸引全省的生产要素向省会城市集聚，增加了省会城市发展的集聚力，并使集聚力强于因拥挤成本等因素带来的离心力，导致人口和经济活动更集中于省会城市，呈现一种"滚雪球"式的集聚的自我强化过程；另外，省际交易成本过高意味着省际间的恶性竞争程度加深，地方领导在省际区域"大战"中更愿意把条件优越的省会城市作为全省级行政区和省域经济发展的重点和中心，通过其增长极的扩散作用来带动整个省域经济的发展。相较于省会等中心城市，广大的省际交界区的第一性发展条件如地理条件大多较差，且第二性条件如政策倾斜、交通设施等都远落后于省会地区，如果大力发展省际交界区经济，则容易对相邻省份发展带来溢出效应，担心这种溢出效应损害本省的经济利益，这决定了省际交界区大多沦为各省的边缘地区，并且省际交界区难以通过"点—轴"空间结构模式获得有效发展，更多地依靠内部少数几个节点城市的集聚扩散机制进行发展。因此，只要省际交易成本大于 ρ_L，这种循环因果链就会维持下去，经济活动也容易集聚于省会城市等重点发展区域，省内经济空间结构呈现稳定的核心边缘结构，而省际交界区难以有效吸引经济活动的集聚,其网络空间结构的形成过程必然无法实现省域范围内经济节点的均衡成长与增长极带动,需要在漫长的时期内依靠高级节点特别是枢纽经济节点的带动作用。最终容易停留在节点状离散式的空间结构发展阶段,难以突破至点轴式空间结构,进而限制了省际交界区空间结构优化发展。

其次,当降低省际间交易成本并提升开放度时,尽管这种核心边缘结构起初并不容易被打破。当 ρ_s 到了一定程度后,之前的核心边缘结构会被打破,一种具有循环性的解体过程开始发生。因为省内外市场足够开放,此时省际边界效应呈中介机制,导致原有的中心地区因市场规模效应和价格指数形成的集聚力大为下降,省际间的经济活动频繁也带来了中心地区离心力的大幅增加。此时,尽管作为边缘地区的省际交界区离中心地区相对较远,却容易受到省外市场的影响不断显现出中介优势,成为省际间合作的前沿,市场潜能得到提升,吸引更多的经济要素流向省际交界区,进而扩大了省际交界区市场需求,并不断获得规模经济效应、竞争刺激效应和投资刺激效应,从而打破原来的边缘化结构,"点—轴"模式有所抬头并日渐成熟,最终走向轴辐式网络空间结构。以经济枢纽节点为核心,以次级节点为支撑,以节点间的交通轴线为重点,形成省际交界区集点、线、面于一体的轴辐式网络空间结构。这里的高级别节点是节点发展的综合性城镇体系,在省际交界区经济发展中充当着各级层次的经济增长极;连接各节点的各种线状交通通道,提高了点与点之间的可达性,加强了节点地区之间、域面之间的联系,在省际交界区经济发展中起着传输生产要素和经济资源配置的作用。在点轴系统不断纵向延伸、横向连接的发展过程中,节点之间的经济联系进一步加深,轴线之间形成纵横交错的供给网络。网络上的各节点通过对不同域面辐射其生产能力和经济能量,组织和带动整个省际交界区的经济发展,从而构成了分工合作、功能各异的点、线、面经济统一体。例如,由于地区间开放度高,分工协作度高,苏浙沪交界区发展势头良好,带动了苏州、嘉兴等中心城市的发展。

再次,当省际间合作程度加深时,中介机制会进一步激发省际交界区的经济活力,省际交界区在某种程度上会实现轴辐式的网络空间结构。如果假设省际间不存在任何交易成本,省际交界区有可能演化成新的发展高地。而当省际间合作程度不深,市场分割严重时,省际交界区只会进一步地边缘化,难以形成要素集聚,从而抑制经济发展,这一点在克里斯塔勒(2010)中心地理论中有所体现,其将中心地体系分为市场原则、交通原则、行政原则三种原则,其中行政原则下的中心地体系效率最低,且限制了高一级中心地的发展。而在市场机制下,在三个同级中心地的空白区域会形成新的一级中心地,并有效地促进区域发展。因此,省际交界区完全有可能形成一个较高等级的商品中心地,但是因被行政边界切割而导致了中心商品等级下降,从而阻碍了省际交界区的发展,降低了区内资源配置效率。

最后,考虑省际间交易成本处于中间状态 ρ_M 时,对称结构和核心边缘结构都是局部均衡,也就是说,此时的省际交界区既有可能实现高效发展,也有可能成为经济洼地。由于文化、语言等差异导致人们存在本土偏好,会预期省际交界区的经济环境劣于在重点发展地区的省会等中心城市,因此大多数人不会选择交界区。人们的这种本土偏好会使边界效应呈现出屏蔽效应,从而导致经济结构走向核心边缘结构。换言之,此时的核心边缘结构更多是由人们的本土偏好造成的。因此,加大省际交界区的吸引力,合理引导和提升企业和居民对省际交界区发展的良好预期与偏好程度,有利于省际交界区空间结构优化调整。

总之,通过三种省际间交易成本的数值模拟发现,省际间边界效应发展带来的中介屏蔽机制深深影响省际交界区空间结构的发展,而积极地降低省际间交易成本、提升边界的中介机制,有利于省际交界区空间结构优化调整。因此,在优化省际交界区空间结构时要注意省际间合作,积极打破地方保护主义,协调并整合省际交界区各地区间的市场开发和区际开放政策,创造公平、公正、公开的市场竞争环境。

第五章 省际交界区空间结构形成演进机理

第五节 省际交界区空间结构阶段性特征

在省际交界区经济发展初期，由于受经济要素和地理条件等的制约，其经济开发和产业发展不能全面而均衡地进行，只能采取不平衡增长战略，集中有限的资源和能力优先重点建设一个或数个节点，通过其高效发展带动周围地区经济发展；省际交界区经济发展进入中期阶段后，点轴空间和放射串珠状空间结构的形成加强了省际交界区内部的经济联系，不同节点（域面）之间逐渐协调发展，省际交界区域内的经济差距呈缩小的趋势，但经济非均衡发展状态仍较明显；省际交界区经济发展进入高级阶段后，轴辐式网络式空间结构逐步取代点轴式空间结构占据主导地位。根据省际交界区经济发展特点、空间变化过程和空间结构的作用机制，省际交界区空间结构的演进过程可以划分为四个阶段。

第一阶段是省际交界区空间结构的节点状离散发展阶段。省际交界区空间规模小，普遍处于经济资源待开发状态，以少数节点的集聚为主，产业结构与经济发展呈初级特征。由于节点稀少、交通轴线的质量和形式都较欠缺，发展轴线还在雏形之中；经济域面缺乏发育，绝大多数地区属于未开发的经济腹地，经济节点和省际交界区发展域面呈现零散滋生状态，还没形成等级关系与职能分工（除了不同等级的行政中心）；空间分布呈原始的、低级的离散状态，引起省际交界区空间结构变化的许多作用要素还没有出现或者作用力度弱；少数节点和域面的周边就成为省际交界区空间结构的边界，形成了少量小范围的经济封闭环境。这一阶段的代表性省际交界区为云贵川省际交界区。

第二阶段是省际交界区空间结构的点轴状发展阶段。由于省际交界区对经济中心的重点打造和省际交界区经济整体协同提升，主要节点地区经济发展迅速增长，通过极化效应，经济节点基本发育成熟，成为省际交界区空间结构生长的核心区，其他地区成为受其支配的外围地区；以主要节点为端点、以早期经济交通通道为载体的轴线基本成形；由于交通轴线发育时间不长，轴线上的过渡节点还比较缺乏，随着经济节点和交通轴线的扩散与延伸，经济域面与经济发展边界都向纵深推进，但仍有一定的省际交界区空间为经济发展的空白点，经济发展非均衡状态明显。这一阶段的代表性省际交界区为晋陕豫省际交界区。

第三阶段为省际交界区空间结构的放射串珠状发展阶段。在中心节点地区的波及和扩散效应下产生了次级中心地区，新的中心不断涌现，并特别容易出现在资源条件优越、区位优势明显、同中心节点之间有联系紧密的交通通道附近，部分节点地区的辐射范围互相重叠；随着节点的多元化及以中心节点为核心的经济交通网的逐步形成，轴线的数量增多、辐射路径与宽度延展，部分轴线末端节点逐步转化为过渡节点，形成以首位节点为核心的放射串珠状结构；节点之间、轴线之间要素的联系加强，域面相交，基本覆盖省际交界区大部分范围，经济边界也基本与边疆省份的行政区边界重合。这一阶段的代表性省际交界区为苏皖省际交界区。

第四阶段为省际交界区空间结构的轴辐网络状发展阶段。密集分布、广泛发育、错位发展的经济节点群已经形成，高等级经济节点地区稳定，中小节点继续发展，不同等级的节点间经济流动频繁、联系多样；以多个中心节点为核心的多样化经济网络辐射省际交界区，经济轴线基本成网，连接有序；域内地区间的联系与合作更加紧密；经济空间扩散趋势日益加强，省际边界由屏蔽效应转为中介效应；除了原有的中心地城市，省际交界区域内多个节点地区开始成为对外开放与经济合作的桥头堡，出现更多的中心节点地区，在多核心、轴辐网络的波及和扩散作用下，形成了一个以数个经济极核或少数职能分异、互补的核心中心地区，区域经济空间结构和规模结构呈现高级的相对均衡特征，省际交界区空间各组成部分被轴辐式网络融为有机整体。这一阶段的代表性省际交界区为江浙沪省际交界区。

第六章 省际交界区空间结构实证分析：以湘鄂赣为例

第一节 研究区域

鉴于我国省际边界线错综复杂，所涉市、地区、州、盟面积较大，各地资源禀赋和经济基础差异很大，为了方便研究并不失一般性，本书择取湘鄂赣省际交界区作为研究对象。湘鄂赣省际交界区是由湖南、湖北、江西三省接壤并沿共同的省界线延展的区域，直接范围为岳阳、咸宁、九江三地市所辖县域范围，间接范围还包括大冶市、阳新县、浏阳市、铜鼓县、宜丰县、奉新县与靖安县。这些间接范围县域虽不紧邻省界线，但与直接范围县域的经济联系密切，具有相似的自然地理特征和文化特征，这是目前三省政府在加强边区合作发展中相对认可的范围。该区域北邻长江，东倚鄱阳湖，西卧洞庭湖，并沿以幕阜山脉、九岭山脉为中心的山麓及外沿分布，地形地貌复杂，以低山丘陵与平原相间为主，河道港汊交织，湖泊沼泽散布，中央区域多为低山丘陵，是长江中游城市群的"绿心"，周边的洞庭湖和鄱阳湖有"两肺"之称。目前，区内穿境而过的有京港澳、杭瑞、大广、福银等高速公路，京广铁路、京九铁路、武广高速铁路，105国道、106国道、320国道等。另有区域性高速公路，如黄咸高速公路、九瑞—瑞昌高速公路、永修—武宁高速公路等，区域性铁路，如武九铁路。另外，湘鄂赣省际交界区依托境内长江干流、长江支流及内河、水库湖泊，拥有良好的水路交通、不同等级的港口，如城陵矶港、九江港等，港口吞吐能力强，水路航程里程数高。区位适中，交通便捷，初步构筑了湘鄂赣省际交界区对外立体交通大通道，具备了一定的发展基础和条件。湘鄂赣省际交界区区域总体情况如表6-1所示。

表6-1 湘鄂赣省际交界区区域总体情况

地区	所辖县市
岳阳	岳阳楼区、云溪区、君山区、湘阴县、岳阳县、华容县、平江县、汨罗市、临湘市
咸宁	咸安区、嘉鱼县、通城县、崇阳县、通山县、赤壁市
九江	浔阳区、濂溪区、柴桑区、武宁县、修水县、永修县、德安县、庐山市、都昌县、湖口县、彭泽县、瑞昌市、共青城市
间接地区	大冶市、阳新县、浏阳市、铜鼓县、宜丰县、奉新县、靖安县

资料来源：笔者根据相关资料整理。

湘鄂赣省际交界区具有一定的自然资源同构性、环境功能整体性、产业结构相似性和社会文化同源性，自古以来地区之间就保持和延续着密切的人际交往、经济贸易、文化往来和社会关联，湘鄂赣革命根据地在这一区域曾留下很深的足迹。尽管湘鄂赣省际交界区很早就尝试在一些社会经济发展中展开合作，如早期成立的湘鄂赣毗邻地区税收协作会议、不定期的湘鄂赣毗邻十二县市工商行政管理局协作会议、湘鄂赣三省五地（市）民间纠纷联防联调会议、湘鄂赣边贸协作组织的建立等，都为湘鄂赣省际交界区的合作发展奠定了良好的基础。但仍面临人口密度低、城市化水平较低、交通设施不完善、信息不充分和产业发展相对滞后等问题，长期处于落后的局面。作为长江中游城市群一体化的先行区和突破区，必然要加快湘鄂赣省际交界区充分平衡发展。因为这是促进长江中游城市群以及"中部崛起"发展的重要支撑，更是实现人民日益增长的美好生活需要的必然举措。

第二节 湘鄂赣省际交界区空间格局分析

一、研究方法

1. 空间分布方向性特征分析

空间分布方向性分析是指区域经济属性在空间分布上的轮廓和主导方向。经济重心是指区域整体较为均衡的一个点,通过研究区域重心的偏移方向和移动距离可以分析区域各方的发展状况及政策等相关因素对区域发展的影响效果。标准差椭圆法是分析空间分布方向性特征的经典方法之一,使用标准差椭圆可从全局的、空间的角度定量解释经济要素空间分布的中心性、展布性、方向性和空间形态等整体性特征,因其直观性与有效性已得到广泛应用,故而成为ArcGIS空间统计模块的常规统计工具。标准差椭圆通过长轴、短轴、椭圆面积和方向角反映区域内经济的分布情况和在空间上的偏移状况,能展示经济发展的方向性和中心性。关于经济重心与标准差椭圆计算方法参照李翔等(2019)的方法,具体公式如式(6-1)所示。

$$SDE_x = \sqrt{\frac{\sum_{i=1}^{n}\tilde{x}_i^2}{n}}, \quad SDE_y = \sqrt{\frac{\sum_{i=1}^{n}\tilde{y}_i^2}{n}} \tag{6-1}$$

其中,SDE_x 和 SDE_y 分别为标准差椭圆在 x 轴和 y 轴方向上的轴长;$\tilde{x}_i = \overline{X}_{ti} - \overline{X}_t$,$\tilde{y}_i = \overline{Y}_{ti} - \overline{y}_t$;$\overline{X}_{ti}$ 和 $\overline{Y}_{ti}$ 分别表示第 t 年第 i 个单元的横、纵坐标;$\overline{X}_t$ 和 $\overline{y}_t$ 则为第 t 年重心的横坐标和纵坐标。标准差椭圆的分布范围为经济属性空间分布的主要范围。椭圆的平均中心即经济属性在空间上分布的重心,方位角表示其分布的主趋势方向,长轴上的标准差能够反映出经济属性在主趋势方向上的离散程度,椭圆的长轴方向代表经济属性空间分布较多的方向,短轴的方向代表经济属性空间分布较少的方向,长短轴之间的差值越大(扁率越大),说明经济属性的方向性越强,长轴与短轴的长度越接近,说明其方向性越弱。如果长轴长度等于短轴长度,则经济属性的分布就没有方向性特征。通过对比多年的标准差椭圆还可以观察到椭圆所覆盖面积的差异以及在 x 轴或 y 轴上拉长或缩短的现象,进而推断经济属性空间分布在时序上的变化以及变化的方向趋势。

2. 空间关联性特征分析

空间关联性分析是研究空间分布特征的重要方法,主要分为全局空间自相关与局部空间自相关两大类。全局空间自相关主要用于分析地理要素在整个区域内的关联特征,描述地理要素的整体空间分布状况,通常用 Global Moran's I、Getis-Ord General G、全局 Geary's 指数等来衡量。本书采用 Global Moran's I 来衡量相关属性值空间分布是否具有空间集聚性,其计算公式如下:

$$\text{Moran's I} = \frac{\sum_{i=1}^{n}\sum_{j=1}^{n} w_{ij}(y_i - \bar{y})(y_j - \bar{y})}{S^2 \sum_{i=1}^{n}\sum_{j=1}^{n} w_{ij}} \tag{6-2}$$

其中,y_i 为县域 i 的经济发展水平;$S^2 = \frac{1}{n}\sum_{i=1}^{n}(y_i - \bar{y})^2$,$\bar{y} = \frac{1}{n}\sum_{i=1}^{n} y_i$,n 为县域数量;$w_{ij}$ 为县域间的空间权重矩阵,通常有两类空间权重:一是反距离权重,即与远处的要素相比,附近的邻近要素对目标要素的计算的影响要大一些;二是地理邻接权重,根据空间相邻关系,相邻既可以是有共同边界又可以是有共同顶点。本书采用共同边界地理邻接权重矩阵,即若两县相邻则取值为 1,否则取 0;一般来说,Moran's I 指数值区间为[-1, 1],大于 0 意味着正相关,取值越大,县际间经济发展因相似而聚集的程度越高;小于 0 为负相关,取值越小,县际间经济发展因相异而聚集的程度越高;等于 0 则不具有空间自相关性。

全域相关性分析易掩盖掉局部地区所隐含的异质性特征,全局空间自相关是对整个研究空间的一个总体描述,仅仅对同质的空间过程有效。然而,由于环境和社会因素等外界条件的不同,空间自相关的大小在整个研究空间,特别是在较大范围的研究空间上并不一定均匀同质,可能随着空间位置的不同有所变化,甚至可能在一些空间位置发现正空间自相关,而在另一些空间位置发现负空间自相关,这种情况在全局空间自相关分析中是无法发现的,这种现象被称为空间异质性。为了能识别这种空间异质性,需要使用局部空间自相关统计量来分析空间自相关性,通常用 Moran 散点图、Local Moran's I、Getis-Ord 指数等来表示。本书采用局部 Getis-Ord 指数来识别出空间局域内的冷点与热点区域,热点区域是指单元属性高值与高值集聚的区域;而冷点区域为低值与低值集聚的区域。Getis 和 Ord(1992)提出的"局部 Getis-Ord 指数"的计算公式如下:

$$G_i^* = \frac{\sum_{j=1}^{n} w_{ij} y_j}{\sum_{j=1}^{n} y_j} \qquad (6-3)$$

对该值进行标准化处理,如为正值且显著,则县域 i 与周边县域为高值集聚的热点区域;若 $Z(G_i^*)$ 为负值且显著,则县域 i 与周边县域为低值集聚的冷点区域。

二、变量选取与数据来源

遥感影像数据使所获区域经济信息形成多层次、多方式、多侧面全方位,大幅拓展了区域经济研究的广度和深度,为区域经济学的发展开辟了道路。学者大多将遥感数据应用于森林覆盖、作物选择、农业生产、城市发展、建筑类型、道路交通、环境污染等方面。这些领域在没有遥感数据的情况下进行准确测量是一件成本非常高的事情,遥感影像数据已为诸多学者提供了重要的研究支持。在各类遥感卫星数据中,夜间灯光遥感影像数据在经济学尤其是区域经济学中的应用越来越广泛,尤其是在区域经济增长与城市化领域(徐康宁等,2015)。国内生产总值(Gross Domestic Product,GDP)是宏观经济分析中理解经济运行状态以及规律最为核心的变量。但是在实际分析中,GDP 数据容易存在难以全面反映经济活动、结构性不完全可比等问题,导致数据质量无法令人满意,越来越多的研究者倾向于将夜间灯光数据作为一个补充、修订乃至替代GDP的指标。对于GDP而言,夜间灯光数据主要通过遥感技术手段获得,较少依赖体制和人力,能够免受制度因素和人为因素的干扰,具有较强的客观性、全面性和可比性,能较好地衡量区域经济发展水平,是经典GDP指标的重要替代与反演变量,为区域经济发展开创了新的研究视角,受到了国内外学者的青睐。对经济学尤其是区域经济学而言,与传统的统计小数据相比,夜间灯光遥感数据具有如下优势:①获取性。传统的社会经济统计数据需要花费大量的人力、物力调查获得,夜间灯光数据容易获取,可以通过互联网随时下载,无须任何手续和费用。②应用性。传统数据使用范围狭窄,每个测量指标应用单一,而在掌握相关处理技术后,夜间灯光数据可以根据研究的需要灵活处理以讨论城市空间、人口密度、经济发展和生态环境等广泛的主题。③客观性。传统统计数据容易受到各种因素的影响而产生偏误,夜间灯光数据通过卫星上的传感器扫描获得,精度较高,即使数据本身存在缺陷也可以通过后期技术处理加以弥补。④匹配性。作为一个客观的环境变量,可与各层次数据相匹配来使用,例如,可以根据个体的位置加入其所处位置的灯光数据,作为社会经济环境的控制变量,这是许多传统统计数据难以做到的。⑤海量性。传统的统计数据是小数据,样本量很有限,即使是普查数据也无法涉及所有层次,而夜间灯光数据可以处理成大到洲、国家,小到街道、村庄等各层次数据,再加上每年陆续公布的数据,构成了一个海量数据库。

目前,应用比较广泛的是DMSP/OLS遥感数据与NPP/VIIRS遥感数据两种夜间灯光数据。本书选取NPP/VIIRS遥感数据,主要有以下优点:一是DMSP/OLS遥感数据测度时间为1992~2013年,而NPP/VIIRS遥感数据从2012年开始持续更新,时效性与现势性较好;二是NPP/VIIRS遥感数据的辐射范围更广,可提供更高的分辨率,具有较高的测度准确性;三是NPP/VIIRS遥感数据的灯光总量和灯光面积与经济数据的相关性强于DMSP/OLS遥感数据。因此,本书采用NPP/VIIRS遥感数据来表征经济发展情况。夜间灯光数据表征经济发展情况常见有两种处理方法：一是采用灯光总强度(TDN)即统计对象区域内所有栅格 DN 总值，二是平均灯光强度(ANLI)为 TDN 与栅格总数之比。本书采用的是后一种方法，具体处理流程包括：通过科罗拉多矿业大学机构网址(https://eogdata.mines.edu/download_dnb_composites.html)获取 NPP/VIIRS 灯光影像数据，通过 ArcGIS 软件实现 Albers 投影坐标系转换，以最临近法重采样至 0.5 千米空间分辨率，用湘鄂赣省际交界区适量图层为掩膜来提取相应影像，并通过栅格计算器将月份数据平均合成为年度数据，从而得到各年份夜间灯光影像数据，借助"以表格显示分区统计"工具得到相应地区的平均灯光强度并以此来衡量经济发展水平，关于夜间灯光数据 ArcGIS 软件操作处理过程可以参见《区域经济分析与 ArcGIS 软件应用》。

关于样本数据的研究时期，考虑到 NPP/VIIRS 数据从 2012 年开始持续更新，故本书研究的时间为 2012~2018 年。

三、湘鄂赣省际交界区经济空间格局分析

1. 湘鄂赣省际交界区经济空间差异性特征分析

考虑到阶段性变化差异特征，选取 2012 年、2015 年和 2018 年分别作为初期、中期和末期代表性年份进行研究分析。为进一步研究湘鄂赣省际交界区经济空间分布和差异特征，将各县域的夜间灯光数据指数进行等级划分。在数据处理方面，现有关于夜间灯光数据的研究倾向于采用自然断裂点进行等级划分，故本书对省际交界区夜间灯光数据采用自然断裂点方法将经济发展水平划分为低水平(0.01~1.10)、较低水平(1.11~1.52)、一般水平(1.53~2.34)、较高水平(2.35~3.92)以及高水平(3.93~6.70)五个等级，考虑到不同年份比较的合理性，2015 年和 2018 年经济发展水平等级也采用 2012 年等级划分标准。湘鄂赣省际交界区整体经济发展水平较低，低水平区域与较低水平区域数量较多，较高水平乃至高水平区域数量较少，具有一定的倒"金字塔"形结构特征，"金字塔"形等级特征明显，从表 6-2 可以看出，高水平的和较高水平的县(市)数量远低于低水平及较低水平的县(市)数量，等级程度越低，对应县(市)数量越

多。而在时间趋势上,"金字塔"的塔顶呈现窄化趋势,塔基不断宽化。因此,湘鄂赣省际交界区仍面临竞争力不强、经济发展后劲不足等诸多不充分发展问题。利用STATA软件将湘鄂赣省际交界区县域夜间灯光数据指数进行标准差分析,发现2012年、2015年和2018年,湘鄂赣省际交界区县域经济发展水平的标准差由0.117、0.152上升到0.189,变异系数由0.434、0.571上升到0.719,意味着湘鄂赣省际交界区经济发展仍存在明显的绝对差异和相对差异,进一步验证了湘鄂赣省际交界区县域经济发展不平衡程度有所加深。此外,低水平县(市)相对其他地方更加靠近省界,大致以省界线为轴线向左右扩展,并不断地向其他地区侵蚀扩散,边界效应特征表现突出。

表6-2 2012年、2015年、2018年湘鄂赣省际交界区县域经济空间格局差异特征

年份	低水平	较低水平	中等水平	较高水平	高水平
2012	平江县、修水县、铜鼓县、武宁县、通山县、彭泽县	华容县、岳阳县、崇阳县、通城县、宜丰县、靖安县、德安县、都昌县	湘阴县、汨罗市、临湘市、浏阳市、赤壁市、嘉鱼县、阳新县、奉新县、瑞昌市、共青城市、永修县、庐山市、湖口县	咸宁市辖区、大冶市、九江县	岳阳市辖区、九江市辖区
2015	平江县、崇阳县、通山县、修水县、铜鼓县、武宁县、靖安县、宜丰县、德安县、都昌县、彭泽县	华容县、岳阳县、临湘市、通城县、浏阳市、阳新县、瑞昌市、奉新县、永修县	湘阴县、汨罗市、嘉鱼县、赤壁市、九江市柴桑区、庐山市、湖口县	咸宁市辖区、大冶市	岳阳市辖区、九江市辖区
2018	平江县、通山县、修水县、铜鼓县、武宁县、德安县	华容县、临湘市、崇阳县、通城县、靖安县、奉新县、宜丰县、彭泽县、都昌县	岳阳县、汨罗市、湘阴县、嘉鱼县、赤壁市、浏阳市、阳新县、瑞昌市、永修县、湖口县	咸宁市辖区、大冶市、九江市柴桑区、庐山市	岳阳市辖区、九江市辖区

资料来源:笔者根据相关资料整理。

2. 湘鄂赣省际交界区经济空间方向性特征分析

基于2012~2018年夜间灯光统计数据,通过ArcGIS软件空间统计工具中的

第六章 省际交界区空间结构实证分析：以湘鄂赣为例

标准差椭圆工具计算湘鄂赣省际交界区的经济重心和标准差椭圆，鉴于湘鄂赣省际交界区经济发展空间重心主要位于九江市修水县域内，且靠近通山县区域，说明湘鄂赣省际交界区经济发展实力较强的地区大多位于北部地区，因为湘鄂赣省际交界区重要节点城市主要集中于北部，如九江市辖区、咸宁市辖区与岳阳市辖区均位于北部地区。2012~2018 年的经济重心演变轨迹总体上朝着东南方向移动，大致移动了 12.30 千米，移动的平均速度为 2.46 千米/年，呈每年距离逐渐扩大的趋势（见图 6-1），说明东南方向地区经济发展较快，近年来，东南方向的永修、浏阳等地借助交通轴线深度融入省会城市，取得了较快速的经济增长。

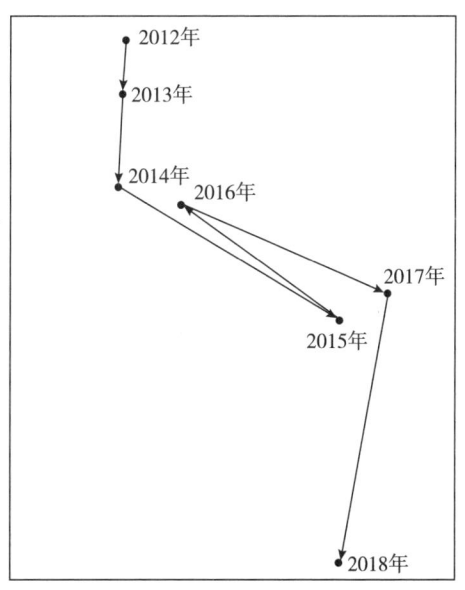

图 6-1　湘鄂赣省际交界区经济重心迁移示意图

资料来源：笔者根据相关资料整理。

从标准差椭圆分析情况来看，湘鄂赣省际交界区经济发展的标准差椭圆具有一定的方向性特征。湘鄂赣省际交界区经济发展空间发展方向（椭圆的长轴方

· 89 ·

向)大致为东—西走向,与域内长江流向大致相同,说明湘鄂赣省际交界区经济发展情况与地理环境密不可分。长轴长度由期初的 366 千米增加到期末的 423 千米,短轴长度则由期初的 251 千米减少到期末的 217 千米,意味着湘鄂赣省际交界区经济发展在南—北方向呈持续收缩集中趋势,而在东—西方向呈扩张态势。标准差椭圆区域是湘鄂赣省际交界区经济发展水平较高地区相对集中的区域,椭圆面积逐渐扩大,由期初的 67594 千米增加到期末的 81236 千米,说明湘鄂赣省际交界区地区间经济发展集聚性有所降低,呈分散特征,中心节点城市对周边腹地的扩散辐射机制有所深化。

表 6-3　代表性年份湘鄂赣省际交界区标准差椭圆的主要参数　单位:千米

年份	长轴长度	短轴长度	椭圆面积
2012	366	251	67594
2015	384	239	78355
2018	423	217	81236

资料来源:笔者依据 ArcGIS 软件整理。

3. 湘鄂赣省际交界区经济空间趋势性分析

为深入发展湘鄂赣省际交界区经济发展空间分异的整体态势,本书利用 ArcGIS 对湘鄂赣省际交界区县域夜间灯光数据指数进行空间趋势性分析(见图 6-2),图 6-2 中每根竖棒和采样点代表各个县域经济水平和空间位置。各县域经济水平作为散点投影到 X&Z 平面(代表东西向)和 Y&Z 平面(代表南北向)上。所有投影点形成一条最佳拟合线,对东西和南北方向上存在的趋势进行了模拟。由图 6-2 可知,湘鄂赣省际交界区经济发展数据在 X 轴方向表现为自西向东递减的趋势,在 Y 轴方向表现为自南向北递减的趋势。随着时间的推移,东西方向由西高东低逐渐转变为倒"U"形的中心外围模式,南北方向的差异呈缓慢缩小的趋势。总体而言,湘鄂赣省际交界区经济发展在东西方向上的空间差异超过了南北间差异,以东西差异为主,南北差异相对较小。

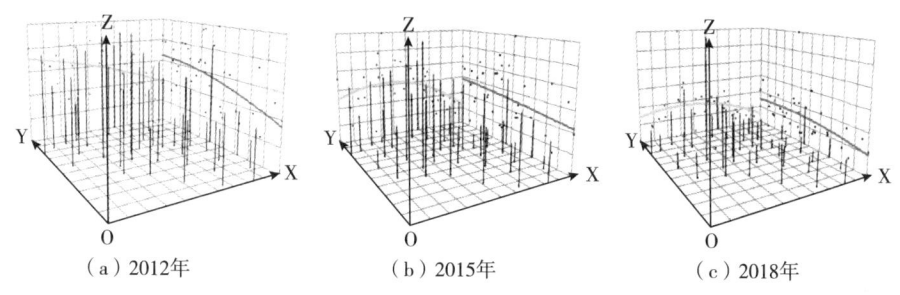

图 6-2　湘鄂赣省际交界区经济空间趋势性分析

资料来源：笔者依据 ArcGIS 软件绘制。

4. 湘鄂赣省际交界区经济空间关联性特征分析

进一步运用 ArcGIS 10.2 软件采用地理边界邻接空间矩阵计算得到全局 Moran's I 指数值、Z 值，以此探究湘鄂赣省际交界区全局空间相关性特征，结果如表 6-4 所示。结果显示全局 Moran's I 指数检验结果显著，表明湘鄂赣省际交界区夜间灯光数据呈现正的空间自相关。Moran's I 指数在时间趋势上不断提升，说明湘鄂赣省际交界区县域夜间灯光值的空间关联程度整体逐年增强。不过，全局 Moran's I 指数都比较小，说明湘鄂赣省际交界区总体空间集聚性程度较低，各县域之间的经济联系亟待加强；并且，整体县域灯光值属于一种偏态分布，近 4/5 的县域灯光值均小于湘鄂赣省际交界区整体平均值，其他高于平均值的县域集中于市辖区及其周边县域，这也意味着湘鄂赣省际交界区空间集聚性因低水平相似而集聚，具有"连片"特征。

表 6-4　代表性年份湘鄂赣省际交界区全局 Moran's I 指数

数据类型	指标	2012 年	2015 年	2018 年
平均夜间灯光值	Moran's I 指数	0.156	0.169	0.185
	Z 得分	47.008	54.126	62.931

资料来源：笔者根据 ArcGIS 10.2 软件绘制。

运用 ArcGIS 10.2 对 2012 年、2015 年和 2018 年湘鄂赣省际交界区县域经济的局部空间关联指数进行逐一测算，并按 Z 值在 5% 和 10% 水平下的临界值情况划分为热点、次热点、随机分布区、次冷点以及冷点五类区域。其中，Z值大于1.96的地区为热点区，Z值区间[1.65，1.96]的地区为次热点区，Z值区间(−1.65，1.65)的地区为随机分布区，Z值区间[−1.96，−1.65]的地区为次冷点区，Z值小于−1.96的地区为冷点区，通过分析对比热冷点空间特征(见表6-5)，从而可进一步把握湘鄂赣省际交界区县域经济空间集簇演化格局(因计算结果无随机分布区，故表6-5未予以显示)。从整体来看，2012年以来湘鄂赣省际交界区的经济热点区分布变化不大，咸宁市辖区、九江市辖区、岳阳市辖区在3个时间断面上一直为热点高显著区，表明这三地经济水平较高，是湘鄂赣省际交界区经济发展最有活力的核心区域，意味着中心城区对省际交界区县域经济发展发挥了一定的带动作用。相比之下，那些紧挨省界线的地区，因远离中心城市，加上边界效应的屏蔽作用，大多处于次冷点和冷点区域，且在时间断面上趋势变化不大，说明这些地区经济发展不充分问题积重难返，湘鄂赣省际交界区县域经济低水平趋同效应明显。并且，热点区域大多位于湘鄂赣省际交界区外围地区，冷点区域位于广大的内部腹部地区，"内冷外热"两极分化的不平衡格局仍未能有效化解，尤其是广大腹部地区缺乏中心城市带动。从冷热点时间趋势来看，热点与次热点区域呈上升趋势，2012年热点区域主要分布在咸宁市辖区、九江市辖区、岳阳市辖区、九江县4个地区，次热点区域有大冶市、共青城市、临湘市；2015年共青城市、岳阳县演变为热点区域，阳新县由冷点区域变更为次冷点区域；2018年赤壁市演变为热点区域，庐山市、汨罗市演变为次热点区域。热点区域数量增加说明中心城市对周边区域的带动能力有所增

表6-5　2012年、2015年、2018年湘鄂赣省际交界区县域经济冷热点空间特征

年份	热点区域	次热点区域	次冷点区域	冷点区域
2012	岳阳市、咸宁市辖区、九江市辖区	临湘市、大冶市、共青城市	华容县、岳阳县、汨罗市、湘阴县、嘉鱼县、赤壁市、浏阳市、瑞昌市、德安县、永修县、庐山市、湖口县	平江县、崇阳县、通城县、通山县、修水县、铜鼓县、阳新县、武宁县、靖安县、奉新县、宜丰县、彭泽县、都昌县

第六章 省际交界区空间结构实证分析：以湘鄂赣为例

续表

年份	热点区域	次热点区域	次冷点区域	冷点区域
2015	岳阳县、岳阳市辖区、咸宁市辖区、九江市辖区、共青城市	临湘市、大冶市	华容县、汨罗市、湘阴县、嘉鱼县、赤壁市、浏阳市、阳新县、瑞昌市、德安县、永修县、庐山市、湖口县	崇阳县、通城县、平江县、通山县、修水县、铜鼓县、武宁县、靖安县、奉新县、宜丰县、彭泽县、都昌县
2018	岳阳县、岳阳市辖区、赤壁市、咸宁市辖区、九江市辖区、共青城市	临湘市、汨罗市、大冶市、庐山市	华容县、湘阴县、嘉鱼县、浏阳市、阳新县、瑞昌市、德安县、永修县、湖口县	崇阳县、通城县、平江县、通山县、修水县、铜鼓县、武宁县、靖安县、奉新县、宜丰县、彭泽县、都昌县

资料来源：笔者依据 ArcGIS 10.2 软件整理。

强，但对紧邻省界附近县域经济发展的带动作用效果不明显，而且各中心城市的带动作用通常仅限于自身所辖县域范围，未能建立起良好的协同发展效应，最终带来湘鄂赣省际交界区"三分天下"的发展格局。

四、结论与启示

有别于主流的 GDP 经济发展水平指标，本书采用夜间灯光数据表征经济发展水平，结合全域相关性与局域关联性对湘鄂赣省际交界区县域经济空间格局进行可视化分析，结果显示，湘鄂赣省际交界区县域经济发展存在不充分不平衡问题，随着经济发展等级的下降，县（市）数量显著增加，存在着明显的"金字塔"形等级特征，而且低水平县（市）相对其他地区更加靠近省界，边界效应特征表现突出。空间集聚性还处于较低水平，各县域之间的经济联系亟待加强，且这种集聚性因低水平相似而集聚，具有"连片"特征。热点区域大多位于湘鄂赣省际交界区外围地区，冷点区域位于广大的腹地区域，"内冷外热"两极分化的不平衡格局仍未能有效化解，尤其是大部分腹地区域缺乏中心城市的带动。

从本书的研究来看，湘鄂赣省际交界区今后发展要注重如下几个方面：①深化区域合作。加快九江、咸宁等中心城市的能级提升，促进其对腹地县域的辐射带动作用。考虑成立通（城）平（江）修（水）合作特别试验区，作为湘鄂赣省际交界区空间优化整合的先行示范区。设立湘鄂赣省际交界区合作发展基金，强化区际合作积极性。②充分完善协同发展机制。成立湘鄂赣省际交界区联席会议,并上升为指导机构,成立交界区发展改革协调会,直接负责省际交界区主要工作安排与议定协作,下设经济发展、生态环境等多领域委员会,深化落实区域协作措施。

第三节 湘鄂赣省际交界区网络结构分析

区域空间功能结构由各类经济活动的经济技术差异和区位差异特点决定,是不同经济意义的点、线、面依据内在经济技术联系和区位连接形成的具有特定功能的区域空间结构。区域经济联系测度了不同地理单元经济空间相互作用的大小,以此在空间上形成的网络化联系状态能够很好地刻画经济网络空间结构。当前,社会网络分析方法作为一种对网络关系结构及其属性加以分析的前沿方法,不断活跃于经济和社会的相关研究中,社会网络分析以行动者及其相互间的关系作为研究对象,分析关系网络的结构及其行动者和整个群体的影响。它作为一种相对独立的研究社会网络结构的方法,已发展成为具有专门的概念体系的研究模式,通过分析社会网络结构的特性,发掘社会网络中行动者的社会关系和社会结构,尤其是能够准确地描述区域经济之间的复杂关系和多线程的经济网络结构,并在相应的研究中得到了检验。本节采用夜间灯光数据表征经济发展水平,考虑边界自然属性,对重力模型进行修正并刻画经济联系,借助社会网络分析方法实证研究湘鄂赣省际交界区经济网络空间结构,以期全面认识湘鄂赣省际交界区空间结构发展进程。

一、网络空间结构分析方法

1. 经济网络构建

社会网络是指社会行动者及其之间的关系的集合,即多个节点(或社会行动者)和各点之间的连线(代表行动者之间的关系)组成的集合(刘军,2009)。本书将湘鄂赣省际交界区内部各县域视为节点,县域间关系通过修正重力模型得到的经济联系矩阵数据来表征,采用每个矩阵数据的平均值对原矩阵进行切分,大于矩阵平均截断值(均值)取1,否则取0,最终得到无权的二值经济联系矩阵。在含有N个县的湘鄂赣省际交界区经济网络中,实际发生经济联系的连线边数为K,具有对称结构特点的二值矩阵V中的单元格值即对应为t年下j县与i县之间经济联系s_{ij}的二分值(0或1)。

2. 整体网络分析方法

网络结构特征可从整体网络结构和个体网络结构两个层面着手研究,并借助网络密度、网络中心性、凝聚子群、核心—边缘和结构洞等指标进行刻画(刘军,2009)。鉴于此,本书选取上述指标对湘鄂赣省际交界区经济网络结构特征进行实证分析。

网络密度与集聚系数:网络密度(Density,D)和集聚系数(Clustering Coefficient,CC)是研究社会网络结构的两大常用指标。网络密度等于网络中实际发生的关系总量与理论上最大关系总量之比,用来衡量网络中各节点之间关系的紧密程度。集聚系数用来判别整体网络内部节点的相互连接程度,以描述图中部分节点间集群成团的程度。网络中所有节点的局部集聚系数的平均值即可得到整体网络的集聚系数(Watts & Strogatz,1998)。本书采用这两项指标共同表征湘鄂赣省际交界区各县之间的整体经济联系紧密程度,对应密度值和系数值越高(接近最大值1)时,表明节点联系越为紧密,其周边的邻接点也有着广泛直接的联系,相应的各类经济要素流动较为频繁,经贸合作活动越多,整体网络结构发展日趋成熟。反之,各县经济联系疏远,不利于整体网络的发展。在节点i的所有W个邻近节点之间的边数m的无权网络中,对应计算公式分别为:

$$D = \frac{K}{N(N-1)} \qquad (6-4)$$

$$CC = \frac{2m}{W(W-1)} \qquad (6-5)$$

凝聚子群分析：当网络中某些行动者之间的关系特别紧密，以至于结合成一个次级团体时，这样的团体在社会网络分析中被称为凝聚子群。凝聚子群是一种用来研究网络结构中内部不同层级子群的构成，反映网络中各节点间联系紧密程度差异而形成不同区域小群体的研究指标，对应计算得来的凝聚子群密度矩阵能够有效说明各区域群体内部与外部各个小群体之间的经济联系紧密程度。由于凝聚子群成员之间的关系十分紧密，有的学者也将凝聚子群分析形象地称为"小团体分析"。凝聚子群理论表明，如果网络内部的凝聚子群较多，则不利于整个网络中各主体进行大范围的直接联系，也不利于整体网络结构的发展及完善（张荣天，2017）。从群体与个体之间经济相互作用的视角出发，该指标能够有效地刻画交界区经济网络结构的空间组织和整体特征，观测网络群体数量和分布及与其他群体和内部节点的关系，借助密度矩阵还可进一步量化分析不同群体之间及其内部节点的经济联系紧密程度。如果交界区经济网络内部的凝聚子群很多，则会对区内各县直接的经济联系产生较大的阻碍作用，表明整体区域经济网络有待进一步优化。

3. 个体网络分析方法

网络中心性："中心性"是社会网络分析的重点之一。个人或组织在其社会网络中具有怎样的权力，或者说居于怎样的中心地位，这一思想是社会网络分析者最早探讨的内容之一。网络中心性是用来研究网络中节点的中心性程度（如节点的权力、地位和影响力）和中心势的重要指标，包含点度中心性和中介中心性等多种评价指标，因此一个网络中有多少个行动者/节点，就有多少个个体的中心度。本书采用网络中心性指标来衡量某县的经济发展在整个湘鄂赣省际交界区经济网络中地位、作用和影响力，中心性数值越高，说明拥有较高的影响力。其中，点度中心性表征某县经济在整体经济网络中的重要程度，在一个社会网络结构中，如果一个行动者与其他行动者之间存在直接联系，那么该行动者就居于中心地位，在该网络中拥有较大的权力。在这种思路的指导下，网络中一个点的点度中心性，就能够以网络中与该点之间有联系的点的数目来衡量，这就是点度中心度，该指标可说明其经济地位和重要性；中介中心性表征整体网络中某县在其他县城经济联系的最短路径连接线上的相对重要程度,如果一个行动者处于许多其他两点之间的路径上,则可以认为该行动者居于重要地位,因为他具有控制其他两个行动者之间的交往能力。根据这种思想来刻画行动者个体中心度的指标是中间中心性,它测量的是行动者对资源控制的程度。一个行动者在网络中占据这样的位置越多,越代表它具有很高的中间中心性,也有越多的行动者需要通过它才能发生联系,该指标可以此测度该县经济在区域经济网络中发挥的媒介作用。计算公式为:

$$C_D = \sum_i s_{ij}$$
$$C_C = \sum_{j \neq i} d_{ij} \qquad (6-6)$$

其中,s_{ij} 为 i 县与 j 县之间存在的捷径数量;d_{ij} 为 i 县与 j 县之间的最短路径。

"核心—边缘"结构:分析"核心—边缘"结构的目的是研究网络结构中哪些节点处于核心地位,哪些节点处于边缘地位。核心边缘结构分析具有较广的应用性,可用于分析精英网络、科学引文关系网络以及组织关系网络等多种社会现象中的"核心—边缘"结构。本书通过该指标旨在衡量某县经济活动在整个交界区经济网络中的位置特征,识别其是否居于网络中心位置,对应得到的核心度能够很好地量化湘鄂赣省际交界区某县在整个经济网络中的重要性。居于核心位置的县城掌握着主要的经济要素资源,具有重要的影响力和地位,为发展自身经济和强化对外经济联系提供支撑,而位于边缘位置的县城将不利于其自身的发展,不具备相对较大的影响力,无法进一步强化其对外经济联系。

二、湘鄂赣省际交界区经济联系强度测度

在特定地理空间下,区域之间的人员、资金、商品、技术和信息等经济要素的在空间中实现流动和配置,促使区域经济活动发生的相互作用与联系。重力模型在区域经济空间相互作用的研究中得到了广泛应用,如顾朝林和庞海峰(2008)、赵纯凤等(2015)、彭芳梅(2017)分别研究了中国城市体系空间联系强

度、湖南省县域经济联系与空间组织结构和粤港澳城市经济联系与空间结构特征。常规重力模型通常只包含经济活动指标和距离指标。考虑到省际交界区极易受到自然地形条件限制,复杂的地形地貌增加了与外界经济交流的难度,阻碍了人才、技术、资本等要素的自由流动,地形条件越不利的地区,其与其他地区经济联系越困难。因此,本书有必要考虑地区的边界自然属性,故将重力模型修正为:

$$R_{ij}=\frac{\sqrt{Q_i}\cdot\sqrt{Q_j}}{H_iH_jD_{ij}^b} \quad (6-7)$$

其中,R_{ij} 为两县之间的经济联系强度;Q_i 和 Q_j 分别为 i 县和 j 县的夜间灯光值;D_{ij} 为 i 县和 j 县之间的公路交通距离,考虑到现实情况,各县域间距离以直线几何距离来表征失之偏颇。

ArcGIS 中的网络分析模块通过建立一定的规则,能较好地模拟现实中的交通网络问题,有效地计算出地区之间的最优路径和最短时间距离,但受限于交通路线数据所以一般难以有效度量。实际上,专业地图软件,如百度地图、高德地图在计算起始地与目的地路线规划时就是一种典型的网络分析,因此,本书基于百度地图,将省际交界区各县人民政府所在地两两作为起始点与目的点,选取驾车模式下的最短路程作为两地间距离,该距离能体现经济最优化原则。b 为距离的摩擦系数,表征距离影响衰减速率,经验取值为 2;H_i 和 H_j 分别表示 i 县和 j 县的边界自然属性,即平均坡度。考虑到采用的重力模型将式(6-7)引力系数设定为 1,这说明 i 县和 j 县之间的经济联系强度在方向上不存在差异,即交界区经济网络属于无向网络。借助式(6-7)抽象化测算得到的湘鄂赣省际交界区两两县城之间的经济联系矩阵,为接下来的经济网络结构分析提供支撑。

三、数据来源

关于经济发展,依然采用 NPP/VIIRS 遥感数据来表征经济发展情况,关于地区之间距离,采用百度地图推荐的两县(区)之间最短行车距离(千米),表示地区间经济活动联系的主要通道距离。省际交界区边界自然属性采用地形坡度

(%)表征,地形的陡缓在一定程度上影响了经济交流的交易成本。关于坡度可以借助 ArcGIS 10.2 软件在掩膜处理后的 DEM 数据基础上采用"栅格表面"工具中"坡度"分析计算获取,并应用"区域分析"工具中的"以表格显示分区统计"工具,统计相应县域的平均坡度。

四、湘鄂赣省际交界区经济联系强度测算与分析

基于式(6-7)和相关数据,借助 ArcGIS10.2 软件进行分析,得到 2012 年和 2018 年湘鄂赣省际交界区经济联系强度的数据特征(见表 6-6)。据此本书可得到以下结论。

表 6-6 湘鄂赣省际交界区经济联系强度数据特征

年份	最大值	最小值	标准差	平均值	变异系数	强度大于 0.5 的节点数量占比(%)
2012	13.0686	0.0006	1.1246	0.2180	5.1578	6.73
2018	42.2193	0.0023	3.6203	0.6942	5.2153	15.70

资料来源:笔者依据式(6-1)测算得来,其中平均值为矩阵的平均截断值,变异系数为标准差与平均值之比。

整体来看,2012~2018 年湘鄂赣省际交界区经济联系强度有了一定的提升,但整体水平仍偏低,并伴随着显著的时空差异特征。具体来看,经济联系强度最小值由开始的 0.0006 上升至 0.0023,最大值由 13.0686 上升至 42.2193;经济联系矩阵的平均值由开始的 0.2180 上升至 0.6942;经济联系强度大于 0.5,其节点样本个数占总数的比重由 6.73%上升至 15.70%,表明经济联系水平得到了一定提升,但绝大多数县域之间的经济联系仍处于弱联结状态。从时间演变趋势来看,随着时间的推移,湘鄂赣省际交界区经济联系强度得到了增强。从空间演变趋势来看,经济联系强度在空间上呈自北向南梯度递减的特征,2012 年岳阳市辖区和咸宁市辖区及其周边县之间的弱联系和九江市辖区及其周边县域相对孤立的经济联系圈层,到 2018 年在空间上形成了三个市辖区及其邻近县域

经济联系相对紧密的"北半圈",以及九江市辖区以西、岳阳市辖区以东和咸宁市辖区以南连片区域(武宁县—靖安县—宜丰县—修水县—铜鼓县)经济联系十分松散的"南半圈"。经济联系松散的"南半圈"层绝大部分位于江西省境内,均是地形复杂、坡度起伏和交通相对落后的区域。由此可知,交界区经济联系水平呈典型的放射状梯度递减特征,其中湘鄂经济联系强度远高于鄂赣,而湘赣之间的经济联系最弱。

2012~2018 年,交界区经济联系强度的空间分布拓扑结构日趋复杂,逐步形成了以三个市辖区为中心向外放射状的特征,经济联系边逐渐增多变粗,其强度层级结构特征十分突出。2012 年,交界区经济联系强度的空间分布拓扑结构以岳阳市辖区与咸宁市辖区及其周边县域和相对独立的九江市辖区及其周边县域的经济联系边为主。2018 年,九江经济联系边接入咸宁市辖区及其周边县域,联系边进一步增多,但九江与岳阳之间的经济联系边仍十分匮乏。同时,湖南省经济联系空间结构最为复杂,其次是湖北和江西,而以岳阳市为代表的湖南省内部经济联系及其与湖北咸宁之间的经济联系比湖北与江西九江及其的经济联系更为复杂密集,岳阳与九江的经济联系空间结构则最为稀疏。2012 年经济联系包含 3 个层级,在 2018 年增至 6 个层级,交界区内经济联系强度存在明显的层级结构。

经济联系强度空间差异不断扩大,受地理距离衰减效应支配。由表 6-6 可知,经济联系强度的变异系数由 2012 年的 5.1578 上升至 2018 年的 5.2153,直接表明其经济联系强度的区域差异正在不断拉大,非均衡的、十分松散的弱联结经济联系状态是湘鄂赣省际交界区的重要特征。事实上,从经济联系强度大于 0.5 的节点数量占比可以看出,此占比由 2012 年的 6.73% 缓慢上升至 2018 年的 15.70%,表明经济联系水平小于 0.5 的弱联系县域数量占据了整个交界区的 3/4 左右。此外,其最大值的增幅(29.1507)远远超过最小值增幅(0.0017),同时标准差也在不断地增大(由 1.1246 提高至 3.6203),均从侧面验证了经济联系水平的空间差异不断扩大的特点。三个地级市与其各自区内地理邻近县城(如岳阳市辖区与岳阳县、湘阴县、华容县和汨罗市等)的经济联系更为紧密,而与远离市辖区且地势复杂坡度大的省级边界线周边县域(武宁县、修水县、铜鼓县和通城县等)的经济联系较为疏松,存在明显的地理距离衰减效应特征,也更符合实际情况。由此可得,考虑地势坡度因素的重力模型能够更合理、准确地探析湘鄂赣省际交界区经济联系状况,为接下来的经济网络空间结构研究提供有力的支撑。

五、湘鄂赣省际交界区经济网络空间结构分析

1. 整体网络分析

(1)关于网络密度与集聚系数。借助Ucinet6软件和式(6-2)、式(6-3)计算整理得到湘鄂赣省际交界区经济网络密度和集聚系数(见表6-7)。由此可知,2012~2018年交界区经济网络密度呈极为缓慢上升的趋势(由0.1169上升至0.1190),且整体仍处于弱联结状态,这表明湘鄂赣省际交界区县域经济合作与联系仍有待进一步深化。从经济联系强度大于矩阵平均截断值的县域(节点)数量来看,由2012年的123个下降至2018年的118个,这表明交界区经济联系紧密程度未能得到有效的强化,整体经济网络仍处于十分松散的状态。此外,尽管交界区经济网络集聚系数CC呈缓慢下降的趋势(0.7540降至0.7490),但这仍表明交界区经济网络内部部分节点的群体性经济联系仍较为紧密。通过对比发现,网络密度值远远小于集聚系数值,但常态的随机网络中应该是相等的关系。由此可知,湘鄂赣省际交界区经济网络内部经济联系具备一定的聚集性特点。

表6-7 湘鄂赣省际交界区经济网络密度与集聚系数

项目	2012年	2018年
节点数量(个)	123	118
网络密度C	0.1169	0.1190
集聚系数CC	0.7540	0.7490

资料来源:笔者依据Ucinet6软件整理。

(2)关于凝聚子群分析。考虑到不同时段下的凝聚子群结果并未产生明显的变化,因此,本节只给出 2018 年湘鄂赣省际交界区经济网络凝聚子群分类(见表6-8),从表6-8可以看出,湘鄂赣省际交界区经济网络由四大子群及其所属的 7 个小子群构成,表明交界区经济网络内部带有显著的小群体特征,这将不利于各县之间进行直接有效而又广泛的经济联系与往来。

表 6-8　2018 年湘鄂赣省际交界区经济网络凝聚子群分类

小子群 1	小子群 2	小子群 3	小子群 4	小子群 5	小子群 6	小子群 7
崇阳县、咸宁市辖区、阳新县	通山县、大冶市	通城县、平江县、浏阳市	华容县、湘阴县、岳阳市、岳阳市辖区、汨罗市、临湘市、嘉鱼县、赤壁市	九江市柴桑区、九江市辖区、彭泽县、都昌县	瑞昌县、德安县、永修县、湖口县	修水县、铜鼓县、武宁县、靖安县、奉新县、宜丰县

资料来源:笔者依据 Ucinet6 软件整理。

进一步给出相应的密度矩阵(见表6-9),结合表6-7与表6-8来看,第一大子群以咸宁市辖区及其东部和南部县域(崇阳县、通山县、阳新县和大冶市等)为主,其内部两个小子群的经济联系十分紧密(0.500),与其西部邻近的小子群4(如嘉鱼县、赤壁市和临湘市等)的经济联系较为紧密(达到了0.208和0.063),与其他地区经济联系较弱。第二大子群以岳阳市及其周边县为主,其中以岳阳市东部和南部的连片县域(小子群3)经济联系最为紧密(高达0.857),而其与通城县、平江县和浏阳市等远离市辖区的南部县域边缘区(小子群4)的经济联系明显弱化(0.208)。第三大子群以九江市辖区及其周边邻近县域为主,其内部小子群之间经济联系较为紧密(0.600),但其对外经济明显不足。第四大子群是以远离三个地级市辖区且邻近省际边界线的江西省西北部的连片县域为主(武宁县、修水县、德安县、奉新县、宜丰县和铜鼓县等),其不仅对外经济联系十分匮乏,而且内部之间也未能形成有效的经济合作,这在前文经济联系强度的空间拓扑结构分布上有所体现。结合表6-9集聚系数结果可以发现,除第四大子群外，其余子群内部经济联系较为紧密，交界区经济网络内部的确存在小群性的经济联系，验证了本章第二节集聚系数较高的结果。事实上，通过对比图6-2灯光数据图进一步发现，交界区经济网络内部的小群体现象大致与灯光亮度分布和经济联系强度的空间拓扑结构分布大致相匹配，形成了空间分异明显的高—低灯光(强度)值连片区。

表6-9　2018年湘鄂赣省际交界区经济网络凝聚子群的密度矩阵

四大子群	七小子群	1	2	3	4	5	6	7
一	1	0	0.500	0	0.208	0	0	0
	2	0.500	0	0	0.063	0	0	0
二	3	0	0	0	0.208	0	0	0
	4	0.208	0.063	0.208	0.857	0	0	0
三	5	0	0	0	0	0.500	0.600	0
	6	0	0	0	0	0.600	0.100	0
四	7	0	0	0	0	0	0	0

资料来源：笔者依据Ucinet6软件整理。

2. 个体网络分析

如表6-10所示，2012~2018年交界区点度中心性水平并未发生显著的变化，在空间上形成了以岳阳市辖区和九江市辖区及其邻近县(嘉鱼县、九江县、赤壁市和汨罗市等)为绝对核心地位的区域，但咸宁市辖区的点度中心性(仅为5)相对较弱。从平均值变化来看，点度中心性平均水平未能实现较大提升(仅由3.625上升至3.688)，表明交界区经济网络节点影响力整体提升较慢。从中心势变化来看，由2012年的25.38%下降至2018年的21.72%，交界区经济网络中的其余节点县围绕这些影响力与作用高的节点凝聚程度有所下降，进一步说明网络中各节点中心性差异正在缩小，其地位与影响力日趋均衡。从变化趋势来看，咸宁市辖区、大冶市、湖口县、庐山市、岳阳县、临湘市和湘阴市及其网络影响力较低的边缘县并未发生明显的变化，赤壁市、嘉鱼县、九江市辖区和华容县的影响力均有所减弱；九江市柴桑区、岳阳市和汨罗市及网络边缘县

(如通城县、永修县和平江县等)的地位有所上升,而其余地位和影响力极小的地区(以第7小子群为主)的点度中心性一直为0。

表6-10 湘鄂赣省际交界区经济网络中心性结果

区域	点度中心性		中介中心性		区域	点度中心性		中介中心性	
	2012年	2018年	2012年	2018年		2012年	2018年	2012年	2018年
咸宁市	5	5	25.67	17.50	永修县	2	3	0	0
大冶市	3	3	23.00	14.00	武宁县	0	0	0	0
阳新县	1	1	0	0	靖安县	0	0	0	0
通山县	1	1	0	0	奉新县	0	0	0	0
崇阳县	2	2	0	0	宜丰县	0	0	0	0
通城县	0	1	0	0	修水县	0	0	0	0
赤壁市	7	6	6.67	5.90	铜鼓县	0	0	0	0
嘉鱼县	11	10	168.65	31.63	岳阳市	9	10	17.15	25.43
九江市	10	9	151.50	14.67	临湘市	6	6	0.20	0.50
彭泽县	2	2	0	0	岳阳县	6	6	0.20	0.20
湖口县	6	6	3.50	3.50	平江县	2	3	0	0
都昌县	2	2	0	0	浏阳市	1	1	0	0
庐山市	4	4	0	0	汨罗市	5	6	0	1.70
九江市柴桑区	6	7	3.50	5.17	湘阴县	9	9	32.82	17.93
瑞昌市	2	2	0	0	华容县	7	6	0.65	0.20
德安县	2	2	0	0	均值	3.625	3.688	13.594	4.344
共青城市	5	5	1.50	0.67	中心势	25.38%	21.72%	34.42%	6.06%

资料来源:笔者依据式(6-4)和Ucinet6软件计算整理。

就交界区经济网络中介中心性而言,2012~2018年交界区中介中心性水平整体出现了显著性的下降,在空间上形成了以咸宁市、大冶市、嘉鱼县、九江市和湘阴县为核心的经济关联"桥梁"区域,但岳阳市在整体网络中的中介枢纽作用有所加强。整体中介中心性均值由2012年的13.594骤降至2018年的4.344,对应中介中心势也由2012年的34.42%骤降至2018年的6.06%,表明交界区经济网络中各节点的中介作用日趋均衡,经济网络结构演变日趋成熟。

从变化趋势来看，以咸宁市辖区和九江市辖区及其邻近县（大冶市、赤壁市、嘉鱼县、湘阴县和华容县等）为核心的传统枢纽性作用和地位日益减弱，尤其是九江市和嘉鱼县的中介作用衰退最为明显；九江县、临湘市、岳阳市和汨罗市等区域在整体经济网络中日益发挥出重要的"桥梁"和枢纽作用；尤其是岳阳市的枢纽性作用最为突出；其余远离市辖区和地形复杂起伏大的地区（如阳新县、通山县、崇阳县、平江县、彭泽县和第7小子群等）则未能发挥有效的桥梁作用。

综合比较来看，两种中心性指标的空间分布情况表现出一定的相似性，点度中心性水平越高的节点也拥有较高的中介中心性，同时还具有典型的等级特征。整体经济网络中节点中心性的空间分布状况大致与经济联系强度的空间拓扑结构分布图结果保持一致，对应网络内部仍以中心性水平差异为特征形成相应的小群体，这与前文的凝聚子群结果保持一致。

关于"核心—边缘"结构分析：为了凸显交界区经济网络内部结构分异特点，本书依据Ucinet6软件测算所得各县核心度进行合理划分，即核心度大于0.3为核心区，核心度在0.1~0.3为半边缘区，核心度在0~0.1为边缘区，并借助ArcGIS10软件进行可视化，整理得到核心度的数据统计特征（见表6-11）。

表6-11　湘鄂赣省际交界区经济网络各节点核心度的数据统计特征

年份	最大值	最小值	标准差	平均值	基尼系数	变异系数
2012	0.426	0	0.141	0.107	0.657	1.318
2018	0.423	0	0.143	0.103	0.693	1.388

资料来源：笔者依据Ucinet6软件整理，变异系数由标准差与均值之比计算。

如表6-12所示，交界区经济网络的"核心—边缘"结构并未发生显著的变化，尤其是大连片的边缘区，但整体网络结构呈现"核心（岳阳市辖区及周边）+半边缘（邻近核心区外围）+边缘（交界区中部、南部和东部大部分连片区域）"的空间圈层结构分布，直接验证了前文网络中心性的结果。与2012年相比，2018年岳阳县由半边缘区进入核心区域，其余未发生变化。湘鄂赣省际交界区经济网络最终形成了以西部的岳阳市辖区为核心，并向东部依次为半边缘区和边缘区。结合表6-11可知，核心度平均水平均又有所微降(由2012年的0.107下降至2018年的0.103)，对应的基尼系数(由2012年的0.657上升至2018年的0.693)和变异系数(由2012年的1.318上升至2018年的1.388)均有所上升，表明尽管各节点核心度变化很小，但其空间差异正不断拉大，其中核心度越高的节点在网络中的核心地位得到了巩固，而位于网络边缘位置的节点仍未发生明显改变。

表6-12 湘鄂赣省际交界区经济网络的核心边缘分布情况

年份	边缘区	半边缘区	核心区
2012	崇阳县、通城县、浏阳市、通山县、修水县、铜鼓县、大冶市、阳新县、武宁县、靖安县、奉新县、宜丰县、瑞昌市、德安县、永修县、九江市柴桑区、九江市辖区、庐山市、共青城市、湖口县、都昌县、彭泽县	岳阳县、汨罗市、平江县、赤壁市、咸宁市辖区	华容县、湘阴县、岳阳市辖区、临湘市、嘉鱼县
2018	崇阳县、通城县、浏阳市、通山县、修水县、铜鼓县、大冶市、阳新县、武宁县、靖安县、奉新县、宜丰县、瑞昌市、德安县、永修县、九江市柴桑区、九江市辖区、庐山市、共青城市、湖口县、都昌县、彭泽县	汨罗市、平江县、赤壁市、咸宁市辖区	华容县、湘阴县、岳阳县、岳阳市辖区、临湘市、嘉鱼县

资料来源：笔者根据相关资料整理。

六、结论与启示

本节采用修正后的重力模型测度了湘鄂赣省际交界区的经济联系强度，借助社会网络分析方法从整体网络和个体网络两个层面实证研究了交界区经济网络空间结构问题。研究表明：第一，2012~2018年湘鄂赣省际交界区经济联系强度有所提升，但空间差异不断扩大，并受地理距离衰减效应支配，同时在空间上自北向南呈典型的梯度递减的分布特征，其空间拓扑结构日趋密集复杂，存在典型的层级结构特征，其中湘鄂经济联系强度远高于鄂赣，而湘赣之间经济联系最弱；第二，交界区经济网络密度水平低且仍处于弱联结状态，而集聚系数水平高于网络密度且呈缓慢下降趋势，表明整体网络中各节点经济联系仍不够紧密，但其内部部分节点之间的经济联系存在一定的聚集性特点；第三，交界区经济网络包含四大子群及其所属的7个小子群,带有显著的小群体特征,不利于各县之间进行直接有效的经济联系,其中岳阳市辖区东部和南部的连片县域之间经济联系最为紧密;第四,交界区点度中心性水平并未发生显著的变化,在空间上形成了以岳阳市辖区和九江市辖区及其邻近县(嘉鱼县、九江县、赤壁市和汨罗市等)为绝对核心支配地位的区域,而中介中心性水平整体出现了显著性的下降,在空间上形成了以咸宁市、大冶市、嘉鱼县、九江市和湘阴县为核心的经济关联"枢纽"区域,同时网络内各节点的影响力与中介作用日趋均衡;第五,交界区经济网络"核心—边缘"结构相对稳定,空间上大致呈现"核心(岳阳市市辖区及周边)+半边缘(邻近核心区外围)+边缘(交界区中部、南部和东部大部分连片区域)"的典型圈层结构分布,同时各节点核心度变化幅度小且空间差距正在拉大。

由上文结论得到启示如下:一是完善湘鄂赣省际交界区城市体系,充分发挥九江市、岳阳市、咸宁市在湘鄂赣省际交界区经济发展中的增长极作用,积极推进通山县、通城县、平江县、铜鼓县、修水县等的一体化发展,将其逐渐建成湘鄂赣省际交界区重要支点城市,以重点小城镇为补充,形成多核多极、层级联动的城市体系。二是加强湘鄂赣省际交界区交通基础设施建设。从国家层面进一步优化湘鄂赣省际交界区对外通道布局,尤其是国家铁路、国家高速公路等项目建设。强化主通道与中心城市特别是与省会城市南昌、长沙、武汉的经济联系。加强湘鄂赣省际交界区内部公路网络建设,加快省道、专支线铁路及主通道联络线规划建设,打通省际、县际断头路。三是打造合作平台,可借鉴粤桂合作特别试验区发展经验,共同组建湘鄂赣合作特别试验区等类似沟通合作平台,可考虑由平江、修水、通城三地组团,成立通(城)平(江)修(水)合作示范区,作为湘鄂赣省际交界区整合发展的示范区和先行区,为整个湘鄂赣省际交界区区域整合和经济协作积累经验,发挥示范带动作用,以示范区建设为突破口带动经湘鄂赣省际交界区经济协作。支持由三省共同筹集专项资金,设立湘鄂赣省际交界区合作发展基金,协调解决合作中的区际利益关系,推进合作共赢。四是充分完善协同发展机制。考虑建立湘鄂赣省际交界区区域联席

省际交界区空间结构形成演进与优化整合

会议制度,联席会应作为湘鄂赣省际交界区区域协作的指导机构,并将其置于长江中游城市群相应组织结构中的重要地位。成立发展与改革协调会,将其作为区域协作的常设机构和法人主体,受联席会委托,直接负责省际交界区区域的中心工作,承担议定协作基本框架义务,并在发展与改革协调会下面分设各部门协作会议,如区域经济发展基金委员会、公共服务委员会、生态环境保护委员会、旅游合作委员会等,落实区域协作措施。

第四节 湘鄂赣省际交界区网络结构的驱动机制分析

一、地理加权回归方法

通过回归分析,我们可以对空间关系进行建模、检查和探究;回归分析可帮助我们解释所观测到的空间模式背后的诸多因素。通常可采用回归分析方法,回归模型可表示为:

$$y_i = \beta_0 + \sum_{k=1}^{n} \beta_k x_{ik} + \varepsilon_i \tag{6-8}$$

其中,x_{ik}为县域 i 第 k 个自变量;β_k则度量了相应的自变量(影响因素)对经济发展水平的影响效应。但长期以来,在主流的经济学理论中,空间事物无关联及均质性假定的局限,以及普遍使用忽视空间效应的普通最小二乘法(OLS)进行模型估计,使在实际应用中往往存在模型的设定偏差问题,导致经济学研究得出的各种结果和推论不够完整、科学,缺乏应有的解释力。经典计量经济学中的线性回归模型的经典假定,及回归模型的系数 β 是一个常数假定,面对异常复杂的经济系统和因素变量之间的交互影响,尤其是碰到横截面数据之间存在空间自相关性和空间异质性时,经典计量的线性回归模型就显得有些力不从心,需要发展新的方法来弥补这种不足。而地理加权回归(GWR)模型考虑到了自变量的空间异质性,并允许估计参数随空间变化而变化,使计量结果更具有现实性。地理加权回归模型(GWR)针对普通线性回归模型(OLR)的不足,将样点数据的地理位置嵌入回归参数,即

$$y_i = \beta_o(u_i, v_i) + \sum_{k=1}^{p} \beta_k(u_i, v_i) x_{ik} + \varepsilon_i \quad i = 1, 2, \cdots, n \quad (6-9)$$

其中,(u_i, v_i)为第i个样点的坐标(如经纬度);$\beta k(u_i, v_i)$为第i个样点的第k个回归参数;ε_i为第i个样点的随机误差。为了表述方便,我们将式(6-9)简写为:

$$y_i = \beta_o + \sum_{k=1}^{p} \beta_{ik} x_{ik} + \varepsilon_i \quad i = 1, 2, \cdots, n \quad (6-10)$$

若$\beta_{1k} = \beta_{2k} = \cdots = \beta_{nk}$,则地理加权回归模型(GWR)就退变为普通线性回归模型(OLS)。依据"接近位置i的观察数据比那些离i位置远一些的数据对的估计有更多的影响"的思想,利用加权最小二乘法来估计参数,得:

$$\hat{\beta}(u_i, v_i) = (X^T W(u_i, v_i) X)^{-1} X^T W(u_i, v_i) Y \quad (6-11)$$

其中:

$$X = \begin{bmatrix} 1 & X_{11} & \cdots & X_{1k} \\ 1 & x_{21} & \cdots & X_{2k} \\ \vdots & \vdots & \ddots & \vdots \\ 1 & X_{n1} & \cdots & X_{nk} \end{bmatrix} \quad W(u_i, v_i) = W(i) = \begin{bmatrix} W_{i1} & 0 & \cdots & 0 \\ 0 & W_{i2} & \cdots & 0 \\ \vdots & \vdots & \ddots & \vdots \\ 0 & 0 & \cdots & W_{in} \end{bmatrix}$$

$$\beta = \begin{bmatrix} \beta_0(u_1, v_1) & \beta_1(u_1, v_1) & \cdots & \beta_k(u_1, v_1) \\ \beta_0(u_2, v_2) & \beta_1(u_2, v_2) & \cdots & \beta_k(u_2, v_2) \\ \vdots & \vdots & \ddots & \vdots \\ \beta_0(u_n, v_n) & \beta_n(u_n, v_n) & \cdots & \beta_k(u_n, v_n) \end{bmatrix} \quad Y = \begin{bmatrix} y_1 \\ y_2 \\ \vdots \\ y_n \end{bmatrix} \quad (6-12)$$

其中,$\hat{\beta}$为β的估计值;n为空间样点数;k为自变量的个数;w_{in}为对位置i刻画模型时赋予数据点n的权重。GWR模型通常将权重视为某一样本点到其他样本点距离的函数,故模型效度与带宽密切相关,带宽的确定有 AIC 赤池

信息准则法和 CV 交叉确认法等，其中 AIC 方法因其考虑到不同模型存在的自由度差异而得到广泛应用，因此本书分别采用高斯函数与 AIC 法来确定权重与最优带宽。

二、驱动因子选取

关于影响因素变量，本书参照已有的县域经济增长研究文献（李新光、黄安民，2018；高嵩等，2017），选取劳动力投入（lab）、资本投入（kap）、教育发展（edu）、交通（inf）、政府作用力（gov）等变量。限于数据的可获得性，本书采用年末从业人员数量占年末总人口的比重衡量县域劳动力投入水平。以人均全社会固定资产投资表征县域资本投入水平，其中对固定资产投资加以平减处理，以消除物价的影响，并加以对数化处理。以万人在校学生数表征县域教育发展水平，加以对数化处理。交通水平采取公路网络密度（高速公路、国道和省道密度），加以对数化处理。以财政支出占 GDP 的比重表征政府作用力。相关数据源于对应年份《中国县域经济统计年鉴（县市卷）》、《中国县域统计年鉴》，以及各县国民经济和社会发展统计公报。

三、实证结果分析

1. 模型适用性结果分析

从上文分析可知，县际间经济发展在空间上并不是随机独立的，而具有显著的空间集聚特征，因此，传统计量分析要求的随机独立性假设难以符合，必须考虑纳入空间效应的地理加权回归模型来分析湘鄂赣省际交界区经济发展影响因素。如表 6-13 所示，GWR 模型的决定系数和校正决定系数均高于 OLS 模型，拟合优度有所提升，AIC 值均低于 OLS 模型，GWR 模型的拟合性能相比有所提升。从标准化残差的空间回归情况来看，各县标准化残差区间是 [-2.5，2.5]，包含于正态分布函数在 1% 水平下的置信区间 [-2.58，2.58]，意味着 GWR 模型的标准化残差在 1% 的显著性水平下是随机分布的。所以，需要考虑采用地理加权模型加以分析。

第六章 省际交界区空间结构实证分析：以湘鄂赣为例

表6-13 GWR与OLS模型拟合参数比较

模型参数	2012年 OLS	2012年 GWR	2015年 OLS	2015年 GWR	2018年 OLS	2018年 GWR
AIC值	77.864	73.542	102.671	109.340	168.436	167.827
决定系数	0.614	0.787	0.669	0.842	0.672	0.836
校正决定系数	0.538	0.715	0.624	0.732	0.596	0.734

资料来源：笔者根据相关资料整理。

2. 回归结果分析

借助ArcGIS 10.2软件计算模拟整个样本期间各变量对县域经济发展格局的差异性影响，由于其他年份的回归结果大体类似，限于篇幅不一一列出，选取时效性较好的2018年作为重点研究年份，并将相应回归系数自然断裂为5个等级进行分级，从地理加权回归角度分析各影响系数的空间异质性。

劳动力投入对于湘鄂赣省际交界区县域经济发展具有推动作用，所有样本均显示劳动力投入与湘鄂赣省际交界区县域经济发展的显著正相关性，回归系数区间为[0.176, 0.293]。如表6-14所示。从回归系数的空间分布来看，高值易集中于热点区域，最大值(0.293)位于九江市辖区，低值则集中于冷点区域，最小值(0.176)位于修水县，热点区域劳动力边际产出要高于冷点区域，原因可能是热点区域因劳动力数量规模与质量要优于冷点区域，冷点区域劳动力更多地依附于农业、资源性产业等低附加值产业，最终带来了劳动力边际产出的空间差异。

表6-14 劳动力投入回归系数分区间情况

劳动力投入、回归系数	0.176~0.194	0.195~0.207	0.208~0.224	0.225~0.258	0.259~0.293
地区	平江县、通城县、崇阳县、通山县、修水县、铜鼓县、武宁县	湘阴县、宜丰县、奉新县、靖安县、永修县、都昌县、彭泽县	华容县、岳阳县、汨罗市、嘉鱼县、浏阳市、德安县、庐山市、湖口县	大冶市、阳新县、瑞昌市、共青城市	岳阳市辖区、临湘市、赤壁市、咸宁市辖区、九江市柴桑区、九江市辖区

资本投入对省际交界区县域经济发展总体呈正向关系，回归系数区间为

[0.347, 0.459]。如表6-15所示。从回归系数的空间分布来看，高值易集中于热点区域，最大值(0.459)位于岳阳市辖区，低值则集中于冷点区域，最小值(0.347)位于修水县，说明相对自然边界属性较差的县域，资本投入更倾向区位条件好的中心城区或县域，这种地区偏好性带来了资本投入对湘鄂赣省际交界区县域经济发展的空间异质性影响。从经济学角度来看，资本具有逐利性，会自发地流向中心地区这类高收益地区，从而抑制了广大腹部地区经济发展，而这种经济差异又反过来强化了资本的流动性，容易陷入"贫困恶性循环"怪圈，最终导致紧挨省界县域发展滞后于中心县域发展水平。

表6-15 资本投入回归系数分区间情况

资本投入回归系数	0.347~0.359	0.360~0.378	0.379~0.392	0.393~0.414	0.415~0.459
地区	平江县、通城县、崇阳县、修水县、通山县、铜鼓县、武宁县	湘阴县、宜丰县、奉新县、靖安县、永修县、都昌县、彭泽县	华容县、岳阳县、汨罗市、嘉鱼县、德安县、湖口县	阳新县、瑞昌市、九江市柴桑区	岳阳市辖区、临湘市、赤壁市、咸宁市辖区、大冶市、九江市辖区、庐山市、共青城市

资料来源：笔者根据相关资料整理。

教育发展对省际交界区县域经济发展呈现出正负差异性，回归系数区间为[-0.311, 0.086]。如表6-16所示。湘鄂赣省际交界区75%的县域教育发展呈负相关的趋势，此类县域大多紧邻省际边界线。而25%的县域表现出正相关性，主要为中心县域及其附近县域。受制于自然地理条件因素，加上教育存在一定的行政垄断性质，导致教育机会与质量会存在区际间不平衡，相应地，教育发展水平的影响会表现出冷热点区域的空间分化差异。因此，加大教育扶持力度是促进湘鄂赣省际交界区充分平衡发展的重要手段。

表6-16 教育发展回归系数分区间情况

教育发展回归系数	-0.311~-0.199	-0.199~-0.092	-0.091~-0.014	-0.013~0.034	0.035~0.086
地区	平江县、通城县、崇阳县、通山县、修水县、铜鼓县、武宁县、阳新县	湘阴县、宜丰县、奉新县、靖安县、德安县、都昌县	华容县、汨罗市、嘉鱼县、永修县、彭泽县	浏阳市、瑞昌市、九江市柴桑区、庐山市、湖口县	岳阳市辖区、岳阳县、临湘市、赤壁市、咸宁市辖区、大冶市、九江市辖区、庐山市、共青城市

资料来源：笔者根据相关资料整理。

第六章 省际交界区空间结构实证分析：以湘鄂赣为例

交通水平对省际交界区县域经济发展也呈现正负差异性，回归系数区间为[-0.219，0.069]。如表6-17所示。湘鄂赣省际交界区71.88%的县域交通水平呈负相关的趋势，此类县域大多紧挨省际边界线。其余的28.12%县域表现出正相关性，主要为中心县域及交通优势县域。受自然区位条件的制约，湘鄂赣省际交界区广大腹地区域的交通条件和基础设施建设普遍较差，表现为"断头多，线路少，质量差"，交通水平低下使地区间经济联系与要素流动的交易成本增加，最终制约了腹地县域经济发展。因此，加大湘鄂赣省际交界区腹地交通基础设施建设，促进整体交通优势度提高，是缩小经济发展差异的重要手段。

表6-17 交通水平回归系数分区间情况

交通水平回归系数	-0.219~-0.155	-0.155~-0.087	-0.086~-0.035	-0.034~0.012	0.013~0.069
地区	平江县、通城县、崇阳县、通山县、修水县、铜鼓县、武宁县	湘阴县、宜丰县、奉新县、靖安县、永修县、都昌县	华容县、嘉鱼县、彭泽县	汨罗市、浏阳市、阳新县、瑞昌市、德安县、庐山市、湖口县	岳阳市辖区、岳阳县、临湘市、赤壁市、咸宁市辖区、大冶市、九江市辖区、九江市柴桑区、庐山市、共青城市

资料来源：笔者根据相关资料整理。

政府作用力在省际交界区经济发展中扮演着十分重要的积极角色，回归系数区间为[0.242，0.372]。如表6-18所示。最大值（0.372）位于九江市辖区，最小值（0.242）位于通城县，具体表现为两个层面的空间异质性特征：一是随着地区到中心城区距离的增加而依次递减，意味着中心城区的政府作用力要强于边缘地区，或者说位于地理空间上的边缘区很难被纳入地方政府重点发展战略，即政策支持不足；二是不同省份间影响差异，湖北所辖县域的政府作用力依次大于湖南、江西。湘鄂赣省际交界区空间范围具有跨省性质，会导致县域经济发展在省际间存在空间异质性，因此如何打破地区分割和利益樊篱，是深化湘鄂赣省际交界区整体经济平衡充分发展的重要任务。

省际交界区空间结构形成演进与优化整合

表6-18　政府作用力回归系数分区间情况

政府作用力回归系数	0.242~0.278	0.279~0.308	0.309~0.330	0.331~0.348	0.349~0.372
地区	平江县、通城县、修水县、武宁县、都昌县	铜鼓县、宜丰县、奉新县、靖安县、湖口县、彭泽县	华容县、湘阴县、汨罗市、嘉鱼县、崇阳县、浏阳市、通山县、瑞昌市、德安县、共青城市、永修县、庐山市	临湘市、赤壁市、阳新县、九江市柴桑区	岳阳市辖区、岳阳县、咸宁市辖区、大冶市、九江市辖区

资料来源：笔者根据相关资料整理。

四、结论与启示

通过分析发现，劳动力、资本、政府作用力对省际交易区经济发展均具有积极的作用，其中劳动力投入回归系数表现出一定程度的空间相似性，资本投入回归系数高值易集中于热点区域，低值则集中于冷点区域。政府作用影响效应一方面表现为随着地区到中心城区距离的增加而依次递减，另一方面表现为不同省份间影响差异。交通水平与教育发展水平对经济发展差异影响呈正负两极分化特征。

因此，从影响因素分析来看，一是提升劳动力转移效率，提高劳动力就业质量。发挥交界区中心城市和小城镇集聚功能，积极发展劳动密集型产业，拓展劳动力就地就近就业空间。加大交界区劳动力技能培训力度，引导和支持用人企业在交界区开展订单定向培训。支持符合条件的县域建设创业园区或创业孵化基地等，鼓励外出务工人员回乡创业。二是激活资本要素潜能，立足湘鄂赣省际交界区自然资源、人文历史等特色优势，围绕特色城镇、特色产业、特色园区，采取产业基金、PPP等多样化模式，加大招商引资力度，推动大型项目、重点工程、新兴产业在符合条件的前提下优先向边界县域安排，探索建立重大项目审批核准绿色通道。三是提升教育供给能力和受教育水平，优化中小学校设点布局，加快普及高中阶段教育步伐，办好一批中等、高等职业学校，培养更多适应边界县域发展需要的技术技能人才。增强现代教育的开放共享性，促进湘鄂赣省际交界区县域间教育均衡发展。四是夯实交通基础设施建设，大力推进交界区高等级公路建设，优先布局一批铁路项目并设立站点。积极提高湘鄂赣省际交界区对外交通通道能力，尤其是强化与南昌、长沙、武汉三地的通道联系。完善区域内部交通网络互联互通，彻底根除省际、县际断头路。五是积极发挥政府导向作用，建议将交界区经济发展纳入地方年度绩效考核评价体系，通过争取领导挂点，扩权强县，部门协同等有效措施，以调动地方政府发展经济的积极性。对于发展较为落后的县域，政府需要重视并出台一系列支持政策，加大财政投入力度，加强政府转移支付力度。

第七章　省际交界区空间结构的经济效应分析：以湘鄂赣为例

第一节　湘鄂赣省际交界区整体空间结构的经济效应

一、分析思路

空间结构依赖性导致经典传统计量经济学模型样本点不再满足独立同分布的经典假设。在经典空间计量表达中，空间结构依赖性具体是通过空间权重矩阵体现的，空间权重矩阵是空间数据探索性分析和空间计量经济学模型的核心要素，如果将空间计量经济学比作房屋的话，那么空间权重矩阵则是这座房屋的地基，地基（空间权重矩阵）在某种程度上是房屋（经典空间计量经济学）得以存在的基础，同时地基结构（空间权重矩阵结构）也影响了房屋质量（经典空间计量经济模型）。正是由于空间权重矩阵的引入，空间结构分析才有别于传统的数据分析。空间权重矩阵实际上是量化空间单元位置、空间结构特征和空间单元相互关系的一种数量方法，其形式如下：

$$W = \begin{bmatrix} w_{11} & w_{12} & \cdots & w_{1n} \\ w_{21} & w_{22} & \cdots & w_{2n} \\ \vdots & \vdots & \ddots & \vdots \\ w_{n1} & w_{n2} & \cdots & w_{nn} \end{bmatrix} \qquad (7-1)$$

其中，w_{ij} 为区域 i 与 j 的邻近关系，空间权重矩阵可视为空间个体 i 对空间个体 j 的相对空间位置和空间交互影响的一种方法，从而体现了现实观测数据空间结构的映射，恰当设定的空间权重矩阵能够准确量化空间单元之间的依赖关系，使计量模型更贴合实际。借助空间计量模型，则可将因变量、自变量置于这样的空间网络结构关系背景下来分析其中的影响效应。例如，分析地区经济在高铁网络关系背景下，受到哪些因素的影响及其影响程度如何，我们将全国高铁视为一种网络关系，假定可以考虑各个地区间高铁发车次数，以此作为地区间关系权重，构建空间权重矩阵，进行模型构建与分析，得出的结果相对可靠。推而广之，通常我们将特定的空间结构转化为空间权重矩阵，借助空间计量模型来识别空间结构的经济效应。

关于空间计量经济模型，涉及自变量、因变量、误差项三大元素，而这三大元素容易存在空间结构依赖性，Manski（1993）将其分为三种不同的交互效应：一是内生交互效应，其中特定单位 A 的被解释变量依赖其他单位的被解释变量，反之亦然；二是外生交互效应，其中特定单位的被解释变量取决于其他单位的独立的解释变量；三是在误差项之间存在的交互效应，而经典空间计量经济学模型通常会将这三大效应的一种或多种以空间滞后因子的形式内置于模型中并处理空间效应，由此衍生出 $C_3^1 + C_3^2 + C_3^3$ 等 7 种经典空间计量经济模型。当然，也可以将一般计量模型视为特殊的空间计量模型，即不包含这三类滞后因子的计量模型，这样划分的话就是 8 种模型。首先是只包含一种效应的空间计量模型，主要分为只包含因变量空间滞后因子［空间自回归模型（SAR），也称空间滞后模型（SLM）］、只包含自变量空间滞后因子［自变量滞后模型（SLX）］、只包含误差项滞后因子［空间误差模型（SEM）］；其次是只包含两种效应的空间计量模型，主要分为包含因变量空间滞后因子与自变量空间滞后因子模型［空间杜宾模型(SDM)]、包含自变量空间滞后因子与误差项滞后因子[空间杜宾误差模型(SDEM)]、包含因变量空间滞后因子与误差项滞后因子[Kelejian-Prucha 模型(SAC)];最后是包含因变量空间滞后因子、自变量空间滞后因子与误差项滞后因子的广义空间自回归模型(GSA)。

将作为空间杜宾模型的倡导者,Lesage 和 Pace(2009)认为,空间杜宾模型理应成为研究的起点,因为在模型设定中忽略因变量空间滞后项 WY 和自变量空间滞后项 WX 的风险很高。具体来说,如果因变量空间滞后项 WY 和自变量空间滞后项 WX 作为解释变量在模型中被遗漏,会导致模型设定偏误。相反,如果只是忽略了误差项空间滞后项,则只会造成一些效率的损失。换言之,数据生成过程(Data Generation Process)即便是其他空间回归模型(除一般嵌套空间模型外),选择空间杜宾模型也不会得到有偏的估计,只不过存在一些效率的损失而已。相反,如果选用 Kelejian-Prucha 空间模型,数据生成过程是空间杜宾模型或者空间杜宾误差模型,那么 Kelejian-Prucha 空间模型就有遗漏变量的风险。同理,选用空间杜宾误差模型,如果数据生成过程是空间滞后模型、Kelejian-Prucha 空间模型或者空间杜宾模型,那么空间杜宾误差模型也有遗漏变量的风险。选用空间杜宾模型还有一个好处,就是如果数据生成过程是空间误差模型,空间杜宾模型也不会产生错误的标准误和 t 统计量,因为空间误差模型是空间杜宾模型的一个特例。

总之,空间杜宾模型是空间计量研究的理想起点模型,因为在模型设定中忽略因变量空间滞后项和自变量空间滞后项的风险很高,同时在模型退化处理上更具有一般性,经常用来作为空间计量模型处理的标准起点,故本书采用空间杜宾回归模型分析,相应模型设计如下:

$$ECO_{it} = \alpha_{it} + \rho WECO_{it} + X_{it}\beta_{it} + \theta_{it}WX_{it} + \mu_{it} \tag{7-2}$$

其中,α 为常数项;i 为相应县域;t 为相应年份;μ 为随机误差项;W 为空间权重矩阵;X 为相应影响因素变量矩阵;β 为相应影响系数;ρ 为经济发展空间滞后变量影响系数,意味着邻近县域经济发展对本地经济发展影响,捕捉了因变量的空间溢出效应;θ 反映了邻近县域影响因素对本地经济发展的加权影响。

如果模型 7-1 中出现 θ=0，则该模型只包含因变量的空间滞后项，同时排除了自变量的空间滞后项，该模型也就退化为空间自回归模型（SAR），如果令 θ+ρβ=0，则该模型退化为空间误差模型（SEM）。因此，我们可以构建两个原假设"H0：θ=0""H0：θ+ρβ=0"，使用似然比检验（Likelihood Ratio Test，LR 检验）来检验两个原假设。如果两个原假设都被拒绝，就要选择空间杜宾模型。此外，还可以通过 Wald 检验来判断这两个原假设。

二、数据与变量

1. 空间权重矩阵数据

空间权重矩阵是空间计量模型的关键，空间权重矩阵不同说明地区间会存在不同的空间网络联系结构，进而模型变量间影响关系会因这种矩阵关系产生不同结构性的空间交互效应。常见的空间权重矩阵有地理邻接矩阵与地理反距离矩阵，前者以两地间是否存在共同边界进行二值化矩阵处理，但是这种矩阵难以考虑到邻接异质性，例如，修水县、通山县两地与修水县、武宁县两地均属于地理邻接，但修水县、通山县两地联系程度与修水县、武宁县两地联系程度会存在异质性；后者则以两地间距离的倒数为权重，该矩阵的逻辑出发点是两地距离越近其联系影响程度越深，但这种矩阵容易忽略地区行政区划因素影响，例如，两地不存在共同边界，但两地间的经济发展联系会因两地距离影响存在空间交互作用，甚至强于存在共同边界的地区。鉴于此，本书采用两地间共同边界长度作为权重来设置空间权重矩阵，这样做的好处：一是可以处理地理邻接矩阵的邻接异质性问题，尤其是地区间经济关联性因边界长度不同而带来的异质性影响；二是有效考虑到省际交界区特殊的行政区位因素影响，尤其是地区间经济联系因行政边界效应而产生的外部性行为。当然，后文会进一步采用地理邻接、地理反距离与反距离邻接三类空间权重矩阵进行稳健性分析。

2. 影响因素变量数据

参考前文做法，我们依然采用劳动力投入（lab）、资本投入（kap）、教育发展(edu)、交通水平(inf)、政府作用(gov)等变量,本书的研究期间依旧设定为2012~2018年,相应数据主要源于相应年份的《中国县域统计年鉴》以及各县国民经济与社会发展统计公报,对个别年份的缺失数据采用插值法补齐。为减少异方差,消除变量量纲的影响,对部分变量进行了对数化处理。

三、模型适用性检验

本书将空间杜宾模型作为起点模型,但其适用性仍有待检验。首先,通过STATA17软件得到Hausman检验与LR检验结果(见表7-1),进而判断固定效应与随机效应的类型选择,Hausman结果显示了在1%的显著性水平下拒绝了面板模型是随机效应模型的原假设,故应选取固定效应模型,而相应LR检验也在1%的显著性水平下拒绝了时空双固定效应下沉为时间固定效应或个体固定效应,故宜考虑双固定效应模型。结合Wald与LR退化检验判断空间杜宾模型(SDM)能否简化为空间滞后模型(SAR)和空间误差模型(SEM),相应的统计量p值皆小于0.01,从而显著拒绝了退化为SAR、SEM模型的原假设,故SDM模型不能退化为SAR与SEM模型,从而指向SDM模型。最终,本书将SDM时空双固定效应模型作为实证结果分析的基准。

表7-1 空间计量模型适用性检验结果

检验方法	检验目的	统计量	p值
Hausman	是否拒绝随机效应原假设	55.07	0
LR-time	是否退化时间固定效应	16712.74	0
LR-ind	是否退化个体固定效应	214.36	0
Wald-lag	是否退化SAR模型	34.34	0
Wald-err	是否退化SEM模型	37.58	0
LR-lag	是否退化SAR模型	34.29	0
LR-err	是否退化SEM模型	37.56	0

资料来源:笔者依据STATA17软件整理。

第七章 省际交界区空间结构的经济效应分析：以湘鄂赣为例

四、回归结果分析

为便于比较并检验引入回归结果的必要性和可靠性，本书分别列出了随机效应、个体固定效应、时间固定效应与个体时间双固定效应回归结果（见表7-2），四类效应下的Log-L也指向双固定效应下的SDM模型较其他两个模型更具合理性。从因变量空间滞后项影响系数ρ来看，四类回归模型结果分别为-0.2239、-0.2154、-0.4572与-0.2148，均在1%的水平上显著，表明本地经济发展水平的提高会抑制邻近地区经济发展，地区间经济发展存在一定以邻为壑的空间连锁效应，这充分说明湘鄂赣省际交界区地区间存在较为严重的地方保护主义，当前的空间结构不利于整体经济发展，应进行优化整合。

表7-2 空间计量模型基本回归结果

变量	随机效应	个体固定效应	时间固定效应	双固定效应
ρ	-0.2239*** (0.0092)	-0.2154*** (0.0091)	-0.4572*** (0.0084)	-0.2148*** (0.0093)
lab	-0.0146 (0.0198)	-0.0601*** (0.0224)	0.0129 (0.0101)	-0.0843*** (0.0226)
kap	0.1328*** (0.0167)	0.0681*** (0.0164)	0.6524*** (0.0139)	0.0220 (0.0171)
edu	-0.1935*** (0.0216)	-0.0901*** (0.0221)	-0.7479*** (0.0121)	-0.0944*** (0.0219)
inf	0.0905*** (0.0272)	0.1162*** (0.0267)	-0.0311 (0.0361)	0.1078*** (0.0270)
gov	-0.0069*** (0.0007)	-0.0056*** (0.0008)	-0.0261*** (0.0011)	-0.0060*** (0.0007)
Wlab	0.1618*** (0.0260)	0.1287*** (0.0386)	0.0139 (0.0122)	0.0296 (0.0407)
Wkap	0.2505*** (0.0182)	0.3086*** (0.0179)	-0.0585*** (0.0201)	0.1224*** (0.0261)
Wedu	-0.0273 (0.0304)	-0.0151 (0.0314)	-0.4152*** (0.0187)	-0.0489 (0.0317)

续表

变量	随机效应	个体固定效应	时间固定效应	双固定效应
Winf	0.0812*	0.0687	-0.2382***	0.0208
	(0.0453)	(0.0449)	(0.0611)	(0.0488)
Wgov	0.0050***	0.0058***	0.0169***	0.0038***
	(0.0011)	(0.0011)	(0.0014)	(0.0012)
Log-L	-5130.1904	-2808.2561	-11454.7340	-2668.8804
R^2	0.3667	0.3697	0.3374	0.3417

注：***、**、*分别表示在1%、5%和10%的水平上显著；括号内为标准误。后同。
资料来源：笔者依据STATA17软件整理。

空间杜宾模型因地区间存在大量空间反馈效应信息而导致相应自变量系数解读起来更为复杂，部分文献容易将表7-1中影响因素变量及其空间滞后项的回归系解读为相应的影响机制与空间溢出效应，Lesage 和 Pace(2009)认为，只有借助于偏微分形式将其分解出的直接效应(区内效应)，才能正确体现影响因素对自身地区结果变量的影响机制，而分解出的间接效应(或区间效应)代表了自变量对邻近地区结果变量的影响程度，也称自变量的空间溢出效应。

由于SDM模型所得的回归系数还需要利用偏微分对模型中的直接效应和间接效应进行分解(Elhorst，2014)，故将SDM模型转换为：

$$Y = (I-\delta W)^{-1} c\lambda_N + (I-\delta W)^{-1}(X'a + WX'a) + (1-\delta W)^{-1}\varepsilon \quad (7-3)$$

其中，Y为NX1维因变量的向量；λ_N为所有元素都是1的NX1维向量；c为常数项；X'为全部自变量的NXK维矩阵；ε为误差项。则Y关于X'的偏微分矩阵形式如下：

$$\left[\frac{\partial Y_i}{\partial X_{1k}} \cdots \frac{\partial Y_i}{\partial X_{Nk}}\right] = \begin{bmatrix} \frac{\partial Y_i}{\partial X_{1k}} & \cdots & \frac{\partial Y_1}{\partial X_{Nk}} \\ \vdots & \ddots & \vdots \\ \frac{\partial Y_N}{\partial X_{1k}} & \cdots & \frac{\partial Y_N}{\partial X_{Nk}} \end{bmatrix} = (I-\delta W)^{-1} \begin{bmatrix} a_k & w_{12}\theta_k & \cdots & w_{1N}\theta_k \\ w_{21}\theta_k & a_k & \cdots & w_{2N}\theta_k \\ \vdots & \vdots & \ddots & \vdots \\ w_{N1}\theta_k & w_{N2}\theta_k & \cdots & a_k \end{bmatrix}$$

$$(7-4)$$

第七章 省际交界区空间结构的经济效应分析：以湘鄂赣为例

其中，平均直接效应就是式(7-4)右边矩阵对角线元素的平均值，即 α_k 为直接效应。而平均间接效应是这个矩阵的行或列的非对角线元素之和的平均值。行之和的平均值用来度量一个空间观测单位之外的其他所有观测单位某个解释变量的变化，对这个空间观测单位被解释变量带来的平均影响；而列之和的平均值用来度量这个空间观测单位某个解释变量的变化，对其他所有空间观测单位的被解释变量的平均影响。通常这两种计算方法的结果都是相同的，因此这两种方法没有本质的区别。一般来说，我们更习惯用列平均效应来解释间接效应，表示邻近地区自变量对本地区因变量的弹性，即空间溢出效应。相应的效应分解结果如表 7-3 所示。

表 7-3 自变量总效应及其分解结果

变量	直接效应	间接效应	总效应
lab	-0.0816*** (0.0236)	0.0115 (0.0481)	-0.0701 (0.0579)
kap	0.1192*** (0.0268)	0.0403 (0.0604)	0.1595** (0.0707)
edu	0.0308** (0.0162)	0.1513*** (0.0284)	0.1821*** (0.0311)
inf	0.0886*** (0.0203)	0.0745** (0.0353)	0.1631*** (0.0363)
gov	-0.0126*** (0.0007)	-0.0107*** (0.0013)	-0.0233*** (0.0014)

资料来源：笔者依据 STATA17 软件整理。

从劳动力投入因子来看，直接效应影响数为 -0.0816，且在 1% 的水平上影响显著。作为生产投入要素，劳动力人口数量和质量都会影响经济增长。湘鄂赣省际交界区劳动力数量的提升没有出现明显的集聚不经济现象，对区内经济发展具有一定的抑制作用。而省际交界区因地区间人口要素流动成本大，导致劳动因子难以对邻近地区经济产生显著影响，其间接效应不显著。

从资本投入因子来看，直接效应影响数为 0.1091，且在 1% 的水平上表现

省际交界区空间结构形成演进与优化整合

显著。作为影响经济社会活动最重要、最活跃的因素之一,资本投资通过提供有效供给和有效需求,对促进地区经济社会发展、改善地区经济社会结构有极其重要的作用。湘鄂赣省际交界区依然处于资本推动发展阶段,资本投入有利于当前阶段的经济发展,对所在县域区内经济发展具有更强的促进作用。此外,这种资本投资在本书研究中并未对邻近地区经济发展产生显著的影响,其间接效应不显著,究其原因在于:当前资本投资在省际交界区这一特殊的区域中容易产生地方保护主义,对邻近地区很难发挥出空间交互作用。

从教育发展因子来看,其直接效应与间接效应均大于0,且在5%的水平上显著,教育发展因子不仅显著提升了自身地区经济发展水平,同时还在一定程度上对邻近地区经济发展形成了积极作用。教育投资可以通过提高受教育者技能水平、技术熟练程度以及创新能力,提升全要素生产率,有利于地区经济发展。同时,这种促进作用还会带来一定的知识溢出与学习效应,提升了周边地区经济发展。因此,加强教育发展是发挥省际交界区经济区内效应与区间效应关键。

从交通发展因子来看,其直接效应与间接效应均大于0,且在5%的水平上显著,湘鄂赣省际交界区在当前的经济发展过程中,交通基础设施带来的互联互通不仅导致自身地区经济水平上升,也带来了邻近地区经济水平上升,说明省际交界区经济发展未来需要坚定不移地继续推动省际交界区交通轴线互联互通。

从政府调控因子来看,其直接效应影响数为-0.0058,且在1%的水平上显著;间接效应为-0.0032,在1%的水平上显著。这意味着省际交界区政府调控能力越强,越容易阻碍经济要素的市场化配置机制,并在一定程度上能控制所在地经济发展水平。此外,省际交界区特殊的行政区位会对区域经济发展产生刚性约束,省际交界区从本位利益出发不断提升边界屏蔽效应,地方政府间经济发展过程中会存在严重的地方保护主义,最终导致较为显著的区际经济抑制效应。

五、稳健性分析

空间权重矩阵对空间计量回归具有一定的敏感性,本书考虑外生性较强的

· 124 ·

第七章　省际交界区空间结构的经济效应分析：以湘鄂赣为例

地理邻接、地理反距离、反距离邻接三类空间权重矩阵来衡量回归结果的稳健性，其中反距离邻接权重矩阵中两地如果邻接则权重为地理距离倒数，否则为零。需要说明的是，本书并未采用经济距离权重矩阵，这是因为空间权重矩阵设定需要满足外生性，而以经济属性作为权重的经济距离矩阵具有很强的内生性问题，弱化空间计量回归模型的科学性。相应的回归结果如表7-4所示。

表7-4　更换空间矩阵的回归结果

变量	地理邻接矩阵	地理反距离矩阵	反距离邻接矩阵
ρ	0.2586*** (0.0113)	0.2151*** (0.0127)	0.1750*** 0.0098
lab	-0.0830*** (0.0224)	-0.0966*** (0.0228)	-0.0880*** 0.0228
kap	0.0113 (0.0169)	0.0367** (0.0174)	0.0351** 0.0173
edu	-0.0902*** (0.0216)	-0.1107*** (0.0221)	-0.1129*** 0.0220
inf	0.1054*** (0.0007)	0.1209*** (0.0273)	0.1157*** 0.0272
gov	-0.0057*** (0.0008)	-0.0061*** (0.0007)	-0.0058*** 0.0007
Wlab	0.0199 (0.0443)	0.5778 (0.4139)	0.0658 0.0458
Wkap	0.1560*** (0.0282)	0.1870*** (0.0561)	0.1039*** 0.0287
Wedu	-0.0461 (0.0332)	-0.0786 (0.0578)	-0.0077 0.0335
Winf	0.0603 (0.0549)	0.0615 (0.1514)	0.0234 0.0557
Wgov	0.0041*** (0.0012)	0.0087*** (0.0018)	0.0038*** 0.0012
log-L	-2634.6510	-2751.1496	-2757.1502
R^2	0.3617	0.3736	0.3361

资料来源：笔者依据STATA 17软件整理。

更换空间权重矩阵后的空间计量回归结果显示，资本发展因子影响系数在地理反距离矩阵与反距离邻接矩阵情况下呈显著变化，其他变量影响系数与显著性总体上均未出现差异性变化，说明相应结果具有一定的稳健性。此外，在上述三类替换空间权重矩阵下，相应的 Wald 检验和 LR 检验依然能在1%的置信水平下拒绝退化为 SAR 模型、SEM 模型的原假设，可见 SDM 模型比 SAR 模型、SEM 模型更具有稳健性。

表7-5　更换空间权重矩阵的适用性检验结果

检验方法	地理邻接矩阵 统计量	p值	地理反距离矩阵 统计量	p值	反距离邻接矩阵 统计量	p值
Waldlag	47.65	0	52.46	0	21.71	0.0006
Walderr	54.82	0	49.98	0	21.82	0.0006
LRlag	47.59	0	52.32	0	21.68	0.0006
LRerr	54.84	0	49.85	0	21.79	0.0006

资料来源：笔者依据 STATA 17 软件整理。

六、结论与启示

本节将网络关联关系进行空间权重矩阵化，然后借助空间杜宾计量模型将因变量、自变量置于这样的空间网络结构关系背景下来识别省际交界区空间结构的经济效应。研究发现，本地经济发展水平的提高会抑制邻近地区经济发展，地区间经济发展存在一定以邻为壑的空间连锁效应。劳动投入因子对区内经济发展具有一定的抑制作用，难以对邻近地区经济产生显著的影响。资本投入因子对所在县域区内经济发展具有更强的促进作用，但未对邻近地区经济发展产生显著的影响。教育发展因子不仅显著提升自身地区经济发展水平，也在一定程度上对邻近地区经济发展形成了积极作用。交通发展因子不仅导致自身地区经济水平上升，还带来了邻近地区经济水平的上升。政府调控因子在一定程度上能控制所在地经济发展水平，且具有较为显著的区际经济抑制效应。

第七章　省际交界区空间结构的经济效应分析：以湘鄂赣为例

第二节　湘鄂赣省际交界区空间结构特征发展的经济效应

综上所述，结构往往决定属性数据的表现，更具分析价值。在分析了省际交界区空间关联的网络结构特征基础上，本书更加关心省际交界区空间关联的网络结构特征究竟对经济发展的"属性数据"存在何种效应。为了揭示省际交界区空间关联网络的效应，本书从整体网络结构、个体网络结构两个方面实证考察了省际交界区空间关联网络结构对经济发展及其地区间差异的影响。

一、模型构建

参考刘华军等（2015）的处理方法，本书将网络结构整体特征与个体网络特征分别作为自变量加入模型进行 OLS 回归。具体模型如下：

$$y_{it} = \beta_0 + \beta_k x_{ikt} + \varepsilon_{it} \tag{7-5}$$

其中，整体网络特征经济效应分析，分别以湘鄂赣省际交界区县域夜间灯光数据指数的标准差和整体夜间灯光数据指数均值为被解释变量，将网络密度、网络等级度、网络效率三个整体网络结构特征指标作为解释变量，并进行简单的 OLS 回归。个体网络特征经济效应分析，以湘鄂赣省际交界区各县经济发展强度为被解释变量，以各县域点度中心度、接近中心度、中介中心度等个体网络特征为解释变量进行简单的 OLS 回归。

二、回归结果分析

1. 整体网络特征的经济效应

本书以湘鄂赣省际交界区县域夜间灯光数据指数的标准差和整体夜间灯光数据指数均值为被解释变量，分别对网络密度、网络等级度、网络效率三个整体网络结构特征指标进行简单的 OLS 回归(解释变量、被解释变量均取自然对数),如表 7-6 所示。回归结果显示,所有回归系数均通过了 1%的显著性水平检验,且具有较高的 R^2,拟合效果良好。

表 7-6 整体网络结构效应回归结果

模型	经济联系强度均值			经济联系强度标准差		
	模型 1	模型 2	模型 3	模型 1	模型 2	模型 3
点度中心度	5.366*** (1.246)	—	—	6.296*** (1.378)	—	—
接近中心度	—	-5.867*** (1.221)	—	—	-1.741*** (0.389)	—
中介中心度	—	—	-3.612*** (0.908)	—	—	-1.083*** (0.131)
控制变量	控制	控制	控制	控制	控制	控制
R^2	0.7489	0.6372	0.6987	0.7192	0.6821	0.6637

资料来源:笔者根据相关资料整理。

(1)整体网络结构对整体经济发展程度的影响效应。根据表 7-6 的回归结果,湘鄂赣省际交界区经济空间结构的网络密度、网络等级度和网络效率的回归系数分别为 5.366、-5.867 和 -3.612,且均通过 1%的显著性水平检验,这一估计结果表明,湘鄂赣省际交界区经济空间关联的网络结构对整体经济联系强度存在显著的影响,空间关联网络密度的提升以及网络等级度和网络效率的降低均能够显著地提升湘鄂赣省际交界区各县市间经济联系强度。产生这一结果的具体原因在于:①网络密度的提升意味着湘鄂赣省际交界区县域之间的经济关联关系数的增多,核心区的县市会带动边缘区县市的经济发展,增强了县域之间的经济合作程度,有效限制并缩小了县域间经济发展的空间差异,从而有助于经济发展效率的提升。因此,从提升网络密度的角度出发,应继续发挥政府和市场的能源调控作用,从省际交界区整体出发创造出更多经济空间联系的"轴线",不断加强县域间经济发展的空间关联。②网络等级度下降意味着网

第七章　省际交界区空间结构的经济效应分析：以湘鄂赣为例

络的等级结构变小，更多的地区在省际交界区经济网络结构中，由过去单向链接导致的从属地位转变为双向链接的平等地位，增加了处于从属地位县域地区的话语权，从而对其他县域地区的经济活动行为产生约束，之前处于省际交界区经济网络边缘结构的一些县域逐步转向双向关联，提高了县域间经济联系整体强度，进而促进了各县经济发展。因此，从降低网络等级的角度而言，应进一步通过简政放权，不断减少行政指令对经济发展的直接干预，最大限度地破除以往等级森严的经济空间关联结构。③网络效率的降低意味着省际交界区经济空间关联网络中的连线增加，区域间的经济资源、基础设施建设、相关信息互联互通能力加强，减弱了某些县域在经济发展方面的"比较优势"，使省际交界区经济网络中各县域之间在经济、技术、人才等方面的差距不断缩小，进而有效提升经济资源配置效率，加快经济发展。因此，从降低网络效率(增加网络连线)的角度来看，应继续加快推进经济体系建设，发挥市场对经济资源配置的决定性作用，增强县域间经济合作之间的联系强度，降低经济合作交流和联系的成本，提高省际交界区经济空间关联网络的稳定性。

(2)整体网络结构对经济联系差异的影响效应。本书用县域间经济联系强度的标准差衡量经济联系强度差异，该指标在很大程度上反映出经济发展的空间公平性，若县域间经济联系强度的差异越小，则经济发展的空间公平性就越高。根据表7-6的回归结果可知，能源消费空间关联的网络密度、网络等级度和网络效率的回归系数分别为6.296、-1.741、-1.083，这一估计结果表明，网络密度的提升以及网络等级度和网络效率的降低能够显著地缩小省际交界区县域经济联系强度的差异，提高经济发展的空间公平性，这一结果同时也说明，强化经济空间关联的网络结构是区域间经济发展收敛性的重要驱动机制。产生这一结果的具体原因在于，网络密度的提升增加了整体网络链接数量，增大了整体网络结构对各地区经济发展的影响，抑制了地区间经济联系强度的空间差异和极化趋势。而网络等级度的下降，通过增加双向链接，提高了各县域经济联系空间关联网络中省际交界区的地位。此外，网络效率的降低，增加了网络连线，削弱了中介中心度较高的县域对省际交界区经济关联网络中技术、人才

· 129 ·

等社会资源的支配和控制力,提高了整体网络的稳定性。在省际交界区经济空间关联网络结构不断强化的条件下,省际交界区内部各地区经济发展差异不断缩小,经济发展空间公平性得以持续提高。

2. 个体网络特征的经济效应

本书以样本考察期内湘鄂赣省际交界区各县经济发展强度为被解释变量,以各县域点度中心度、接近中心度、中介中心度为解释变量构建面板数据模型进行回归分析(解释变量、被解释变量均取自然对数),继而进行 Hausman 检验。根据 Hausman 检验结果,以5%的显著性作为模型选择基准,模型1和模型3采用随机效用模型,模型2采用固定效用模型,Hausman 检验及回归结果如表7-7所示。根据表7-7的回归结果可知,三个中心性指标的回归系数均为正值,且均通过了1%的显著性水平检验,说明省际交界区空间结构中各县域的中心性对经济发展具有显著的促进作用。根据表7-7中模型1的回归结果,点度中心度的回归系数为0.334,可以看出,点度中心度每提高1%,则经济发展程度提升0.334%。这意味着各县域在湘鄂赣省际交界区空间关联网络中与其他县域关联越广泛,则网络局部关联程度就越高,提高了整体网络密度、降低了网络等级度和网络效率,增强了整体网络对个体经济效率的影响,促进了经济发展。因此,对于点度中心度较小且经济发展程度较低的县域,如通城县、铜鼓县、武宁县、靖安县等,可通过加强与其他县域的经济联系有效来促进其经济发展程度的提升。根据表7-7中模型2的回归结果,中介中心度的回归系数为1.274,说明中介中心度每提高1%,经济发展程度则提升1.274%。这意味着各县域在现有的湘鄂赣省际交界区空间关联网络中,中介中心度提高的县域拉大了与其他县域的比较优势,这些县域的比较优势在网络关联条件下通过整体网络可以更加精准地控制和引导各县域经济发展和合作的方向,强化了对其他县域的"空间溢出"效应,促进了湘鄂赣省际交界区空间关联网络中各县域经济发展程度提升。因此,对于中介中心度较小且经济发展程度较低的县域,如阳新县、通山县、通城县、彭泽县、平江县、永修县等,可以通过提高自身在湘鄂赣省际交界区空间关联网络中的地位,加强与其他关联县域之间的经济联系,从而有效地加快本地的经济发展速度。根据表7-7中模型3的回归结果,接近中心度的回归系数为0.095,说明接近中心度每提高1%,经济发展则下降0.095%,这意味着接近中心度的提高使湘鄂赣省际交界区空间网络中各县域的相互依赖关系更为密切,从而提高了整体网络结构对各县市经济发展的影响,促进了经济发展。因此,对于接近中心度较小且经济发展程度较低的修水县、平江县、通山县、崇阳县、铜鼓县等,可以通过加强与湘鄂赣省际交界区空间关联网络中的中心县域如九江市、岳阳市等的关联,提升其经济发展程度。而对于中心度排名较为靠前的嘉鱼县、湘阴县等,它们的经济发展程度仍有进一步提升空间,因此,对于这些县市可以进一步发挥它们在湘鄂赣省际交界区空间关联网络中的中心地位,促进其经济发展的集聚能力。

表7-7 个体网络特征的经济效应回归结果

模型	模型1	模型2	模型3
点度中心度	0.334*** (0.0464)	—	—
接近中心度	—	1.274*** (0.3221)	—
中介中心度	—	—	0.095*** (0.0129)
控制变量	控制	控制	控制
R^2	0.4489	0.4372	0.4637
Hausman 统计量	8.54*	12.46*	9.09*
FE/RE	RE	FE	RE

资料来源:笔者根据相关资料整理。

三、结论与启示

为了揭示省际交界区空间关联网络的效应,本书从整体网络结构、个体网络结构两个方面实证考察省际交界区空间关联网络结构对于湘鄂赣省际交界区经济发展及其地区差异的影响。其中，整体网络特征经济效应分析，分别以湘鄂赣省际交界区县域夜间灯光数据指数的标准差和整体夜间灯光数据指数均值作为被解释变量，并将网络密度、网络等级度、网络效率三个整体网络结构特征指标作为解释变量，并进行简单的 OLS 回归；个体网络特征经济效应分析，以湘鄂赣省际交界区各县经济发展强度作为被解释变量，以各县域点度中心度、接近中心度、中介中心度等个体网络特征为解释变量进行简单的 OLS 回归。省际交界区经济空间关联的网络结构对整体经济联系强度有一定的影响，空间关联网络密度的提升以及网络等级度和网络效率的降低均能提升省际交界区各县市间经济联系强度。点度中心度回归结果反映出各县域在湘鄂赣省际交界区空间关联网络中与其他县域关联越广泛，网络局部关联程度就越高，提高了整体网络密度，降低了网络等级度和网络效率，增强了整体网络对个体经济效率的影响，促进了经济发展。中介中心度回归结果反映出中介中心度提高的县域扩大了与其他县域的比较优势，这些县域的比较优势在网络关联条件下通过整体网络可以更加精准地控制和引导各县域经济发展和合作的方向，强化了对其他县域的"空间溢出"效应，促进了湘鄂赣省际交界区空间关联网络中各县域经济发展程度提升。接近中心度的回归结果反映出接近中心度的提高使湘鄂赣省际交界区空间网络中各县域的相互依赖关系更为密切，从而提高了整体网络结构对各县市经济发展的影响，促进了经济发展。

第八章 省际交界区空间结构优化整合分析

第一节 省际交界区空间结构优化的内涵

省际交界区空间结构的优化是对其进行协调与控制的过程，是在省际交界区空间系统运行的过程中，根据空间要素单元之间相互作用的阶段和状态，通过建立利益机制，采用必要的经济、法律、行政、市场规制等手段，对省际交界区空间结构进行有目的的干预和影响，以实现省际交界区空间结构要素与系统的有机耦合、结构与功能的相互促进、阶段与状态的高度统一，使其最终按照省际交界区空间结构化运动客观规律向有序化、高效化的方向发展。实质就是通过控制域内各空间地域单元间的关系，改变空间结构要素变化的方向和数量，优化省际交界区空间结构与空间形态，以实现省际交界区空间结构系统功能的全面提升，促进省际交界区经济的协调发展与可持续发展。

省际交界区空间结构优化的内涵在于：省际交界区空间结构优化在一定程度上是通过各种客观规律自发进行的自我调节、自我进化过程，具有自组织性；同时，在遵循客观规律的前提下，根据人类自身的需求，通过某种方式和手段对省际交界区空间结构实施调控与引导,具有组织性。此外,由于省际交界区空间结构演进的模式与形态是可变的,很有可能因没有按照客观规律发展而导致无序混乱状态,或者没有按照合乎人类需求的方向发展,为此我们必须对省际交界区空间结构做出合乎人地矛盾运动客观规律的优化和调适。

第二节 省际交界区空间结构优化的目标

省际交界区空间结构优化的目标具有时代性、地域性的特征,在不同的经济发展阶段和不同的区域,省际交界区空间结构优化的目标也不同。但其共性的优化目标为:

一、增强省际交界区空间竞争力

优化省际交界区空间结构是为了促进省际交界区经济的跨越式发展,实现省际交界区竞争力由量变向质变的跃进。因此,对省际交界区空间结构实施优化,首要目标就是协调省际交界区资源、资金、基础设施等经济要素,推动区域经济结构的合理化,促进省际交界区经济效益和综合竞争力的提升。

二、促进省际交界区空间有序化

根据省际交界区空间结构发展的阶段性及区域异质性,遵循经济发展规律的客观要求,省际交界区空间结构要不断地进行调整和完善,以便充分利用省际交界区空间结构的综合效益,使劳动力要素、资本要素和技术要素在不同等级的经济节点(轴线、域面)之间合理配置与流动,推动省际交界区经济更加协调地发展。

第八章　省际交界区空间结构优化整合分析

三、推动省际交界区空间一体化

在促进省际交界区要素集聚的同时，也要促进中心地区与外围地区经济融合，促进各经济节点(轴线、域面)之间的一体化。通过经济产业与经济职能由传统经济中心地向周边以及省际交界区整体有序扩散，促进各地经济全面发展，推进省际交界区经济整合发展。

四、提高省际交界区空间开放性

通过有意识地对省际交界区空间结构的科学引导和干预，形成一个开发的、高效率的、同外部联系紧密的新的经济空间结构格局，使省际交界区成为具有全国经济体系节点(域面)的成长潜力的流动空间、链接省内外经济流动空间和地方空间的承转空间，并逐步以省际交界区为中心，将周边地区和邻省边缘空间整合为一个和谐的、互动的有机经济空间整体，成为跨省域合作的桥头堡和边界中心地区。

第三节　省际交界区空间结构优化整合的重点路径

省际交界区空间结构的优化，必须坚持可持续发展理念与科学发展观，把握省际交界区空间结构的时空演进轨迹及其变化趋势，从"点、线、面、界"等省际交界区空间结构要素的四个方面促进经济增长与区域空间结构、产业结构演进的有序协调，促进省际交界区经济要素和省内外要素在空间上的合理组合，形成产业结构、空间结构分工合理、功能先进的空间结构。

一、壮大节点，实施多核联动的省际交界区空间结构战略

1. 促进省际交界区多中心城市发展

省际交界区空间结构的优化，首先要运用极化手段，发展多层次、多功能

的节点城市,增强省际交界区域内各节点的辐射能力。通过强化区域中心节点城市的作用,发挥其积聚作用与扩散作用,强化其在特定轴线和域面的客观存在,提高其点面辐射能力。为了引导省际交界区空间结构的相对均衡的发展,省际交界区在建构多中心的经济空间格局时,要促进各级节点地区主次有序、规模分形,重视次中心节点和中小节点的全面发展。主次节点地区通过各种交通干线扩大自身的辐射半径,带动周边节点(域面)的发展,并不断将劳动力流、资本流、技术流等扩散到周边地区,使整个省际交界区长期处于经济凝聚和经济扩散相结合的均衡提升过程,消除某些域面发展缓慢而产生的省际交界区经济"镂空"现象,保证整体的省际交界区经济发展效率。省际交界区域中心城市,如苏鲁豫皖交界区的连云港、蒙晋陕豫交界区的运城等,与省域中心城市存在较为直接的经济产业联系,并通过渗透和辐射带动周边地区的经济社会发展。一方面,省际交界区域中心城市的城市竞争力较强,是省域中心城市经济联系和产业转移的首选地,可以对周边地区发展产生较强的辐射带动作用。同时,由于其在经济社会发展中具有领先地位,可以在区域合作中充当协调者和组织者,有利于降低省际交界区域的合作成本。另一方面,省际交界区域中心城市的集聚能力较强。目前,省际交界区域并未出现较大范围的城市收缩现象,其中心城市已成为现阶段人口要素的主要承载地,是省际交界区域发展的主要引擎。

中心节点地区与非中心节点地区应该有各具特色的功能定位与产品特色区分,保持节点的合理规模,形成以多样化职能区分配合的广域节点为基础进行空间组合的经济空间结构,对省际交界区各轴线、域面的经济发展规模和特色化起到很好的引导和调节作用。这样,省际交界区经济要素分布均衡、相对集聚,使经济发展趋于理性,将劳动力流、资本流、技术流的很大一部分扩散到中心地周边和中小城镇,在维持较快的经济发展增速和较高的经济效益的同时,保持省际交界区经济规模与空间结构的合理演化发展。

2. 促进省际交界区多核联动空间模式的形成

一个中心城市向省际交界区提供服务的理想空间形态是圆形或正六边形,

第八章 省际交界区空间结构优化整合分析

受限于其半径有效性与地形条件等因素，难以遍及远距离的经济辐射范围。省际交界区面积较大、经济资源多，地域上普遍不规则，目前省际交界区形成的多核节点往往不居于正中，只能直接辐射省际交界区部分地区，难以完全胜任连接与辐射周边省份和地区的要求。在促进省际交界区各级节点高速、特色发展的同时，应强化各中心地的功能差异化发展，打造多个带动力强的极核联动功能。省际交界区经济发展必然要从封闭走向开放、从单核走向多核、从极化发展走向集聚演进。多核联动空间结构体系更容易实现省际交界区集聚，通过区域外溢动态增长极的支持成为省际交界区发展引擎，从而分散首位城市的经济功能，挖掘各地经济潜力。

本书认为，省际交界区需继续打造多核节点，最大范围、最大限度地带动省际交界区空间结构的优化。按照克里斯泰勒的中心地理论，一个区域经济体系中大致有三个"低等级的区域"组成一个"高等级的区域"单位。作为空间地域范围广阔、区内经济差异性强、行政区经济现象严重与行政分割效应明显的空间地域系统，构建省际交界区多核联动、多中心发展的空间结构是非常必要的。通过多核联动的空间结构，可以最大限度地把经济辐射覆盖省际交界区空间，节约各自发展的区域经济空间成本，提高省际交界区空间结构的整体功能。同时，这也是经济发展的必然产物，是轴辐式网络空间结构发展和区域经济一体化推动的必然结构，是广域多中心区域空间结构扁平化的重要调控模式。

一般而言，单中心不能完全肩负快速发展的省际交界区的节点职能，主要在于省际交界区分属不同行政区，行政区间地方保护主义较为严重，难以推选出整体区域较为一致的单中心。因此，需要在彼此行政区内构建中心节点或次中心节点，逐步形成多核联动空间结构。当两个以上邻域或远域的中心极核的辐射空间范围出现相互干扰和重叠时，必然会走向多核协调、节点（域面）一体化融合的空间结构系统。省际交界区多核空间模式是基于经济功能和行政功能发展的多中心均衡发展和空间重构，实质是以较发达的域面为基础、以完善有序的节点群落体系为保障的空间结构系统。多个极核共同对省际交界区发展起到龙头作用、支撑作用、带动作用和辐射作用，是省际交界区各种经济要素集聚的最优配置和有效载体。由于大多数省际交界区经济发展还处于极化发展阶段，尚未真正进入扩散发展的高水平均衡阶段，加上边界效应容易抑制省际交界区的经济极核的发育，绝大多数尤其是西部省际交界区多中心性联动特征目前还不显著。省际交界区多核联动空间模式强调在市场竞争中实现多个极核的共同联动发展，这样才能打破省际交界区空间结构多核分裂的特征，实现更多经济要素向次中心与周边地区延伸，为产业集群、产业链的分工打造创造优良条件，有利于优化合理省际交界区经济与产业空间布局，最终形成面状、网络状的空间结构，拉动省际交界区经济的发展。

省际交界区极核可考虑从经济核心能量、经济一体化带动力等方面选择与打造。首先，提升极核的经济能量。经济能量是决定其在省际交界区核心地位的关键元素。对于省际交界区大多数可能的极核而言，当务之急是要提升在省际交界区内经济核心能量与位次，重点加强经济发展。其次，增强极核的一体化带动力。极核的选择与发展的核心问题不仅在于培育对象的自身，还在于所培育的极核对周边地区与省际交界区带动和辐射作用的大小。在中心节点发展的基础上，推进省际交界区城市圈建设，要促动节点群落空间的组团化、多层次发展，在密切的经济联系中放大极核的潜在优势和影响力，推进区域产业分工与协作，最终推动省际交界区经济一体化的进程。

3. 湘鄂赣省际交界区壮大节点的实施路径

湘鄂赣省际交界区中心节点城市无论是在支撑效应、集聚效应上，还是在辐射效应与示范效应上都与周边省会城市有着巨大的差距，其内部地区间也存在一定的差异。从发展支撑效应来看，湘鄂赣省际交界区中心城市因大多位于省域经济发展的边缘地带，难以受到省级政府的重视，其战略发展意义被忽略，缺乏有效定位，而且湘鄂赣省际交界区中心城市在发展中大多存在目标定位不清晰和雷同的现象，如九江、岳阳、咸宁等地都提出要构建长江中游城市群重要枢纽城市，这种目标定位的冲突容易冲淡中心城市的发展支撑效应。加上省际交界区中心城市经济总量、城市规模等不足，也抑制了中心城市支撑效应的发挥。

第八章 省际交界区空间结构优化整合分析

从实际情况来看,湘鄂赣省际交界区有岳阳、九江、咸宁等中心城市,这三个城市所在省份的发展情况等各异。其中,岳阳是湖南唯一的临江口岸城市,承东连西、贯穿南北,处于武汉城市圈和长株潭城市群两个"两型社会"的节点,也是武汉、长沙和南昌"三核""三圈""三极"的重要节点位置,处于长江三角洲和珠江三角洲向内陆辐射、长江经济带和京广铁路经济带的黄金十字架上。因此,岳阳应积极融入长江经济带、长株潭融入长江中游城市集群的战略支点,形成湖南经济新的增长极。建设成一"极"(湖南发展新增长极)三"宜"(宜居、宜业、宜游)的江(长江、汨罗江等)湖(洞庭湖)名城。充分利用其位于湘北门户地域的区位和交通优势,打造成环长株潭城市群密切联系武汉城市圈的重点板块。建设成为服务湖南、辐射中部、面向全国的石化工业基地和重要的物流中心枢纽。九江既是长江黄金水道沿岸十大港口城市之一,也是江西省唯一的沿江对外开放和外贸港口城市,应强化九江临港产业和商贸、旅游功能,建成港口城市和旅游城市、区域性的物流枢纽,培育形成区域副中心,沿长江经济带及沿京九经济带的重化工生产基地与纺织工业基地。咸宁是连接湖北、湖南通道上的节点城市,应坚持生态优先、环境先导,在产业发展上突出绿色、生态、循环,打造低碳旅游城市。建设国际知名的温泉之都、桂花之乡和国际旅游休闲胜地。构建中三角重要交通枢纽城市——创立三省通衢、通江达海的战略枢纽门户。

二、打造轴线,以大通道战略促进省际交界区轴线的耦合发展

1. 促进经济轴线与交通建设耦合发展

在一定数量的经济节点较充分发育的基础上,加强经济交通建设,连点成轴,形成多个不同能级、纵横交错的省际交界区经济轴带,对促进省际交界区空间优化具有十分重要的实践作用。这有助于拉动若干具有有利资源条件和开发条件的地区经济发展,增强中心节点的集散、中转与联系功能,促进省际交界区发展轴线和发展中心向经济欠发达地区(外围地区、中心地区内部距离节点或轴线较远的地区)延伸,促进线性交通线路上新兴节点的出现,使省际交界区

重点建设的产业布局与交通干线取得一致。因此，打造具有影响力的轴线是省际交界区经济较快发展的必要保证，也是克服区域内经济发展不平衡性、实现长远协调发展的必要条件，是省际交界区优化生产力布局和发展骨架的关键环节。

省际交界区轴线发展的一个重要前提是较优越的经济发展基础条件，另一个重要前提就是交通基础设施建设。交通建设与经济轴线同步是达到省际交界区空间结构优化目标的必要手段，对省际交界区空间结构优化间重组的作用主要体现在两个方面。首先，交通基础设施和经济轴线耦合发展是省际交界区空间结构发展与优化的基本要素。通过交通干线与经济轴线的建设，逐步完善省际交界区中心与外围空间结构的骨架，促进极核之间、极核与外围地区之间的经济扩散与交流，优化与协调省际交界区内部经济要素的流量和流向，从而逐步完善省际交界区空间架构。其次，新建交通基础设施建设和经济轴线建设能引导经济生产要素的流动，逐步带动省际交界区空间结构向预期的目标重组。根据省际交界区发展规划与市场需求的方向，以先行建设的多元成熟交通基础设施促进中心与外围地区经济产业沿交通走廊重新布局，引导经济产业从省际交界区的高梯度地区向低梯度地区转移，促进极核节点辐射作用的发挥，进而形成畅通、高效的经济轴线。满足外围腹地地区经济发展需要的交通基础设施建设，能够有效牵引经济产业的转移与扩散，推动节点连线成轴，加快外围地区经济发展空间重组，为省际交界区空间结构的网络化发展提供必要条件。

省际交界区轴线的发展受到地理区位、地域范围、自然地理条件和资源禀赋等多方面的影响和制约，对交通基础设施有特定的要求。对于发达地区及省会城市而言，可以将铁路干线沿线或江河沿岸确定为重点发展轴线进行建设。但是，省际交界区的铁路密度本身不高、等级偏低，很多区段以山地、峡谷、戈壁、隧道、桥梁等为主。因此，省际交界区可以重要国道、高速公路和高速铁路为代表的多元快速交通网络建设，对确定和打造发展轴线十分重要，是促进轴辐式网络结构发育的关键。重要国道、高速公路、高速铁路等陆上线状快速交通的建设有助于缩短沿线地区的时空距离。一方面，使以极核为中心的省际交界区主要节点的影响范围进一步重叠、经济腹地进一步扩大,相邻节点(域面)发生聚合、分工协作,在规模效应、集聚效应和乘数效应的作用下,形成更大经济规模的一体化、同城化经济发展域面,为提高经济增长极的竞争力、保持较高的经济增长水平提供条件;另一方面,促进省际交界区内部交易成本的降低,把中心地区的经济势能扩散到外围地区和欠发达地区,促进新兴节点和轴线的形成,减少区域内部经济发展差距。

当然,部分省际交界区面积广大,陆上高速交通的建设都受到地质、地形等的不同限制,建设与维护成本高昂、辐射范围有限,很难全方位衔接覆盖,省际交界区许多外围节点和域面还将在很长时期内依靠普通等级公路与铁路实现陆上衔接,如新青甘省际交界区的大部分地区为无人区,其经济发展更多依靠普通等级公路。

2. 以大通道建设引领省际交界区空间结构优化

省际交界区区位优势的发挥和边缘效应的规避,都依赖大通道的建设;而大通道的建设,也可促进以大通道为基础的轴线发展,为轴线向外围腹地地区延伸提供必要的条件,最终实现轴线内引外联、在更大范围内沟通省内外市场,从根本上改变省际交界区的市场区位。省际交界区必须结合在建、新建的大通道项目,努力推进沿线经济开发与空间要素建设。主要包括以下两个方面:

第一,要加强省际交界区重点节点和域面的主干快速通道建设,特别是把通向周边省份的交通网作为促进轴线发展的重点。通过对内对外通道的建设,实现轴线内联外展、交叉互动、对内对外开放相互促进,实现省际交界区与内陆腹地联动发展。

第二,以西部大开发政策优势与区域协调的综合性交通建设为契机,完善省际交界区内部交通。根据市场需求,建设覆盖省际交界区区域重点节点(域面)的交通网,使区域内通道成为全国大通道的重要组成部分;促进主要节点(轴线、域面)与全国大通道耦合发展,以纵横交错的交通格局带动省际交界区空间格局的网络化发展,重点交通项目应该争取纳入国家大通道建设战略和国家优先发展的重点或者试点项目;对主要交通节点的功能进行重点培育,使交通节点依托通道和轴线迅速发展,成为新的节点,加快沿国内大通道铺开的资源开发建设,以轴线发展带动大通道经济走廊发展。

3. 湘鄂赣省际交界区打造轴线的实施路径

湘鄂赣省际交界区相应的交通轴线发展不完善,内部各县间未能构建起良好的交通,"断头路"现象严重,交通通达性远远差于省会城市,导致相应中心城市辐射效应远不如省会城市。与省界线附近区域相比,非省界线附近路网密度更高,省际边界对交界区域的互联互通产生了阻隔作用。通过跨区域铁路网络通达性而言,在内部联系上,岳阳、九江、咸宁彼此间尚未建立铁路联系。而在外部联系上,九江与南昌、武汉铁路车次联系最多,咸宁与武汉市铁路车次联系最多,岳阳则与长沙铁路车次联系最多,均远高于交界区内三市之间的铁路车次联系,表明交界区各地级市之间的交通设施联系不够紧密,跨区域铁路通达性水平非常低,严重阻碍了要素跨区域流动。

湘鄂赣省际交界区空间结构提升与功能发挥还应注意选择和培育重点发展轴,加强交通设施建设,提升联系与辐射通道,充分发挥各级中心城镇的作用,把经济开发活动结合为有机整体,有效推动整体经济发展。依托铁路、高速公路等发展轴线,即完善和建立南昌—九江—黄石—武汉、武汉—咸宁—岳阳—长沙、长沙—宜春—南昌、武汉—咸宁—宜春、岳阳—咸宁—九江、武汉—咸宁—南昌六条轴线,这六大轴线既连接了区内几大中心城市,又加强了与以南昌、武汉、长沙市等重要城市为中心的鄱阳湖生态经济区、长株潭城市群、武汉城市圈等重点经济区的经济联系。根据这些节点城市和轴线的辐射强度不同可以进行梯度式开发,随着这些点、轴发展水平的提高,再由这些点、轴逐步向欠发达地区延伸,形成更多次一级的"点—轴"系统,最终形成互通性好、带动力强、城镇体系完善的"三中心六轴线"主体空间结构,使交界区得到合理开发。

三、融合域面,实施省际交界区多枢纽轴辐式空间结构战略

1. 省际交界区多枢纽轴辐式网络空间结构的构建

除了构建多极经济发展极核,省际交界区应选择未开发或有较大发展潜力

的中小节点为域面的次级增长极,继续强化经济发展轴线,新建发展轴线的辅助轴线,使其与原有区域经济增长极连接,从而有序疏散极核的部分功能,并在便捷、多元的交通线路基础上,促进多个节点、轴线互相交叉、连接,共同形成以多个极核为轴辐中心的、弹性的、相对均衡的轴辐式网络空间结构形态。

轴辐式网络空间模式是省际交界区空间结构演进到高级阶段时的优化方向,是在"点—轴"空间模式基础上的进一步升级,对于形成成熟的省际交界区空间结构具有重要意义。省际交界区通常是由多个地区组成的跨省区域性质的区域,表明该网络中一般存在多个极核,并有发达的中心城区作为支撑。一旦边界效应转为中介效应,各节点(轴线、域面)之间存在强大的吸引力、流畅的空间联系和有机的制衡关系,最终形成一种相对成熟稳定的多轴辐、多极式的区域空间结构。随着交通运输、信息技术和经济节点的发展,各级节点(轴线、域面)之间开展更加广泛的经济开发合作与市场信息交流,多个中心节点(域面)之间由立体式交通线路为基础的轴线连接,省际交界区空间的联系和组合形态发生极大变化,节点(轴线、域面)关系由多回路开放式的网络结构取代了传统的闭合式等级结构,形成多核心、多层次、组团型、交嵌式、开放化的网络化发展模式,经济活动在空间上向更加均衡和分散的方向发展。

省际交界区可通过各主要极核构建其影响下的相应域面,协同发展,确保省际交界区全域经济整体效应,进而培育、发展各域面尺度的次级核心节点(轴线、域面),实现不同域面的相对均衡,提高空间协作效率。各极核衍生出的相应域面内彼此又会有鲜明的增长极和多层次的节点,形成较为紧密的经济网络,域面内的经济协同效应非常突出;不同域面之间、同一域面内仍然会存在一定的经济发展水平差异和经济特色差异,形成有一定协同效应的域面关系。从一定意义上说,省际交界区网络经济空间结构的一体化过程,实际上是一个以多极核带动的多域面作为多个不同增长极的"极化"同步过程,是一种相对均衡的极化。

2. 省际交界区多枢纽轴辐式网络空间结构的基本内涵

轴辐式网络空间结构以省际交界区空间结构的网状协调发展为目标。此时,

省际交界区空间结构形成演进与优化整合

区域发展遵循的是公平效率兼顾的基本原则,通过轴辐式网络空间结构,使经济发展要素在一定密度、相对多样的组合形式下的网络中互相影响、波及进而促进省际交界区空间结构优化。其实质是在比较利益机制作用下的省际交界区内部区域之间的互补,在互补中形成区域外部性的内部化和区域内部性的外部化,从而为经济要素充分自由流动和区际传递提供便利,降低经济要素的稀缺程度,提高经济资源的配置效率,推进省际交界区产业结构的调整和区域经济空间结构协调发展,逐步实现省际交界区更加平衡地发展。

轴辐式网络空间结构要求省际交界区空间结构持续发挥经济极核和不同域面的功能,扩散效应和极化效应同时发挥作用,体现为一种相对均衡的协同效应。由于仍然要发挥非均质空间内极核等重点节点(轴线、域面)的作用,因此极化效应还将在相当范围内发生作用,部分经济要素向各等级节点(轴线、域面)的集聚还将持续。同时,经济扩散效应将经济要素资源和生产能力溢出到省际交界区全域范围内,更方便加强经济节点之间、轴线之间和域面之间的经济合作,缩小经济高梯度与低梯度地区的发展差距,实现省际交界区经济可持续发展。省际交界区轴辐式网络空间结构的形成和相对均衡,包含了多极核辐射等中心节点(轴线、域面)作为增长极的极化效应过程;反过来,域面内的扩散效应过程又支撑了极核等节点(轴线、域面)发展。因此,省际交界区以人流、资本流、信息流等形式通过经济协作网络和交通体系发挥扩散和极化作用,实现经济扩散效益和极化效益的有机统一,使省际交界区空间的整体功能得到更好的发挥。

轴辐式网络空间结构是省际交界区实现经济空间一体化的必然选择。轴辐式网络空间结构通过省际交界区重点建设的经济点轴与其腹地之间的综合网,可极大地提高经济生产能力和经济能量的溢出范围和传导质量,创造更多的经济发展机会,优化省际交界区经济空间结构,进而促进区域经济一体化和现代化。

3. 湘鄂赣省际交界区融合域面的实施路径

湘鄂赣省际交界区是长江中游城市群的重要组成部分,但是其经济规模小、人均拥有量低、自主发展能量不足等现实差距仍很明显,远远落后于周边的武汉经济圈、长株潭城市群、环鄱阳湖生态经济圈。因此，需要湘鄂赣省际交界区内部地区间通过组团式发展，合众弱以攻一强，从而在长江中游城市群乃至中部地区经济发展中占有一席之地。湘鄂赣省际交界区受行政区划的分割与地方利益的本位主义影响，城市空间结构显得较为松散。应在加快构建区域增长极与建设中心城市的基础上，以优化城镇空间布局为支撑，推进湘鄂赣省际交界区中心城市组团发展，构建组团增长极，实现组团内各地优势互补资源共享，促使各地立足自身优势谋划发展思路，通过组团内的城镇逐渐带动和辐射整个湘鄂赣省际交界区的快速发展。具体可以规划四大组团：一是加快形成九江—黄石组团，利用已有的交通轴线，加快瑞昌、大冶等次级中心城市培育，形成黄石—九江城镇连绵带。二是加快形成岳阳—咸宁组团，充分利用京广铁路，京港澳高速等轴线，加快临湘、赤壁次级中心城市培育，形成岳阳—咸宁城镇连绵带。三是大宜春组团，由于宜春离三省交界处及其他四大中心城市距离较远，难以形成有效的组团优势，可考虑以宜春市区为核心，加强周边县市的协作整合，形成大宜春组团。四是通平修组团，鉴于平江、修水、通城三县离三省交接处最近，且三县间具有良好的合作交流关系和历史文化往来。应考虑将平江、修水、通城三地组团，成立通(城)平(江)修(水)合作示范区，作为湘鄂赣省际交界区整合发展的示范区和先行区，为整个湘鄂赣省际交界区区域整合和经济协作积累经验，发挥示范带动作用，以示范区建设为突破口带动湘鄂赣省际交界区经济协作，对提升湘鄂赣省际交界区发展层次和合作空间起极大推动作用。

四、突破边界，打造省际经济开放合作的前沿阵地

1. *省际开放合作前沿阵地的内涵*

行政区划壁垒是阻碍地区间平衡与协调发展的重要因素，不仅阻碍地区间要素自由流动和产业有序分工，不利于全国统一大市场的形成，还导致地区间融合发展受阻、经济差距扩大，对公平和效率产生双重负面影响。在区域经济空间一体化和区域经济协调发展等带有普遍性和长期性的趋势推动下，边界屏蔽效应将逐步被中介效应取代，中介效应正成为主流并会逐步加强。省际交区空间结构将由内向型逐步向外向型转化,同邻省地区之间的经济联系渠道也由以个别中心节点和少数末梢节点之间的单一联系,逐步发展为主要中心节点和跨省节点之间的多渠道、多层次联系方式,省际交界区业空间结构要素及其组合都将逐步改善和优化。在开放状态下,开放战略和经济一体化能使省际交界区从"边缘区"转变成为"核心区",成为"中心交界区"(Central Border Region),极大地提高市场邻近性、市场潜力并扩大市场规模,吸引经济要素流向省际交界区。省际交界区作为省域经济"核心—边缘"结构的外围地区,在边界中介效应加持下极有可能发展成为经济要素集聚的中心,成为跨省经济交流的"接触带"和区域一体化的先导区、示范区。随着我国重大区域发展战略的推进,省际交界区正快速成长为跨省域合作的桥头堡和热点区域。探索如何打破省际交界区边缘化格局、创新交界区域合作模式是促进区域协调发展向更高质量、更深层次迈进的亟待解决的问题。

2. 省际交界区策略性经济合作行为分析

省界屏蔽效应转化为中介效应,能有效实现省域空间结构优化整合,但这种中介效应的切换离不开地区间经济合作,尤其是省际间经济合作行为。省际交界区是由紧邻省界线的不同省份多个地区构成的特殊类型区域。为便于分析,本书考虑一个由 A 省份地区 1 和 B 省份地区 2 两个行为主体组成的省际交界区,地区主体符合经济理性人,并受官员晋升制度等影响,追求自身地区收益最大化。在省际交界区经济合作过程中,地区 1 的努力程度为 N_1,地区 2 的努力程度为 N_2。双方合作成本分别为 C_1 和 C_2,对应的函数形式为:

$$C_1 = \frac{\mu_1}{2}N_1^2, \quad C_2 = \frac{\mu_2}{2}N_2^2 \qquad (8-1)$$

其中,μ_1 和 μ_2 依次为地区 1 和地区 2 的努力成本系数,同时成本函数均为各自合作努力程度的凸函数,即地区在整体经济合作上付出的"心血"越多,参与并推进省际交界区经济合作发展的成本越高。

假设 Y 为省际交界区整体产出水平。其表达式为:

$$Y = \alpha N_1 + \beta N_2 - XY \qquad (8-2)$$

其中，α、β 为地区 1 和地区 2 因经济合作所付出的努力对产出影响程度，即边际努力产出系数；产出由于资本折旧、税收、财政支出等因素会出现一定漏损，因而用 χ>0 表示省际交界区的产出水平的漏损程度，即产出漏损系数。

t 时刻省际交界区合作的总收益 π 可表示为：

$$\pi = \varepsilon N_1 + \phi N_2 + \phi Y \tag{8-3}$$

其中，ε、φ 依次为地区 1 和地区 2 在区域合作中付出的努力所带来的总收益变化程度，即地区边际努力收益系数；φ>0 为产出对总收益的影响效应，即产出影响系数。这里需要注意省际交界区产出是收益的重要来源，并不等于省际交界区收益。假设省际交界区整体收益分配情况事先由两地区进行商议裁决，地区 1 份额为 1−ω，地区 2 份额为 ω，其中 ω 为收益分配系数，取值范围为(0，1)。

两地区的目标均为在无限时区内搜寻使各自收益最大化的最优合作努力策略，考虑双方时间贴现率 ρ 相同且均为正。另外，在实际合作中，一些地区会主动替另一地区承担 θ 的合作成本，从而引导另一方参与合作，维持省际交界区合作进行，令 θ∈[0，1]为地区 1 对地区 2 的"激励因子"。由此可得，地区 1 与地区 2 的目标函数分别如下：

$$T_1 = \int_0^\infty e^{-\rho t} \left[(1-\omega)(\varepsilon N_1 + \phi N_2 + \phi Y) - \frac{\mu_1}{2} N_1^2 - \theta \frac{\mu_2}{2} N_2^2 \right] dt \tag{8-4}$$

$$T_2 = \int_0^\infty e^{-\rho t} \left[\omega(\varepsilon N_1 + \phi N_2 + \phi Y) - (1-\theta) \frac{\mu_2}{2} N_2^2 \right] dt \tag{8-5}$$

关于省际交界区经济合作行为类型可以分为以下三种：

一是拮抗型合作。省际交界区内部各地区不以整体收益为宗旨，而是各自独立、理性地追逐自身收益最大化，制定对自身最有利的合作努力策略，意味着地区 1 不会对地区 2 提供合作激励，即 θ=0，这是省际交界区经济合作的初级发展阶段，常见于弱弱型省际交界区经济合作。因此，双方目标函数退化为：

$$T_1 = \int_0^\infty e^{-\rho t} \left[(1-\omega)(\varepsilon N_1 + \phi N_2 + \phi Y) - \frac{\mu_1}{2} N_1^2 \right] dt \tag{8-6}$$

$$T_2 = \int_0^\infty e^{-\rho t} \left[\omega(\varepsilon N_1 + \phi N_2 + \phi Y) - \frac{\mu_2}{2} N_2^2 \right] dt \tag{8-7}$$

只有地区1与地区2均存在最优合作收益函数,且连续有界可微,对所有的 $Y \geqslant 0$ 都必须满足哈密尔顿—雅可比—贝尔曼偏微分方程,最优决策组合才能达到均衡状态,地区1与地区2行为函数表示为:

$$\rho V_1(Y) = \max_{N_1 \geqslant 0} \left\{ (1-\omega)(\varepsilon N_1 + \phi N_2 + \phi Y) - \frac{\mu_1}{2} N_1^2 + V'_1(Y)(\alpha N_1 + \beta N_2 - \chi Y) \right\} \quad (8-8)$$

$$\rho V_2(Y) = \max_{N_2 \geqslant 0} \left\{ \omega(\varepsilon N_1 + \phi N_2 + \phi Y) - \frac{\mu_2}{2} N_2^2 + V'_2(Y)(\alpha N_1 + \beta N_2 - \chi Y) \right\} \quad (8-9)$$

式(8-8)、式(8-9)对 N_1、N_2 进行一阶偏导为令来求其最大化,解为:

$$N_1 = \frac{(1-\omega)\varepsilon + \alpha V'_1(Y)}{\mu_1}, \quad N_2 = \frac{\omega\phi + \beta V'_2(Y)}{\mu_2} \quad (8-10)$$

把式(8-10)返代入式(8-8)、式(8-9),结果为:

$$\rho V_1(Y) = [(1-\omega)\phi - \chi V'_1(Y)]Y + \frac{[(1-\omega)\varepsilon + \alpha V'_1(Y)]^2}{2\mu_1} +$$

$$\frac{[(1-\omega)\phi + \beta V'_1(Y)][\omega\phi + \beta V'_2(Y)]}{\mu_2} \quad (8-11)$$

$$\rho V_2(Y) = [\omega\phi - \chi V'_2(Y)]Y + \frac{[(1-\omega)\varepsilon + \alpha V'_1(Y)][\omega\varepsilon + \alpha V'_2(Y)]}{\mu_1} +$$

$$\frac{[\omega\phi + \beta V'_2(Y)]^2}{2\mu_2} \quad (8-12)$$

对式(8-11)、式(8-12)采取待定系数法,可求出两地区最优合作热忱度策略,即

$$N_1^* = \frac{(1-\omega)[\varepsilon(\rho+\chi)+\phi\alpha]}{\mu_1(\rho+\chi)} \quad (8-13)$$

$$N_2^* = \frac{\omega[\phi(\rho+\chi)+\phi\beta]}{\mu_2(\rho+\chi)} \quad (8-14)$$

进一步得出两地区最优合作收益函数,即

$$V_1^*(Y) = \frac{(1-\omega)\phi}{\rho+\chi}Y + \frac{(1-\omega)^2[\varepsilon(\rho+\chi)+\phi\alpha]^2}{2\rho\mu_1(\rho+\chi)^2} + \frac{\omega(1-\omega)[\phi(\rho+\chi)+\phi\beta]^2}{\rho\mu_2(\rho+\chi)^2}$$

$$(8-15)$$

$$V_2^*(Y) = \frac{\omega\phi}{\rho+\chi}Y + \frac{\omega(1-\omega)[\varepsilon(\rho+\chi)+\phi\alpha]^2}{\rho\mu_1(\rho+\chi)^2} + \frac{\omega^2[\phi(\rho+\chi)+\phi\beta]^2}{2\rho\mu_2(\rho+\chi)^2} \qquad (8-16)$$

最终,省际交界区整体的最优收益函数为:

$$V^*(Y) = V_1^*(Y) + V_2^*(Y) = \frac{\phi}{\rho+\chi}Y + \frac{(1-\omega^2)[\varepsilon(\rho+\chi)+\phi\alpha]^2}{2\rho\mu_1(\rho+\chi)^2} +$$

$$\frac{\omega(2-\omega)[\phi(\rho+\chi)+\phi\beta]^2}{2\rho\mu_2(\rho+\chi)^2} \qquad (8-17)$$

二是主从型合作。省际交界区中的某一地区为了拓展腹地,获取更大的市场空间,愿意与其他地区合作,甚至会为其承担一些合作成本,从而加强双方合作的稳固性。这种情形常见于地区间发展实力差距明显的强弱型省际交界区合作,在该合作类型中,实力强大的发达地区因拥有决策管理等优势,会成为合作联盟的领导者,落后地区更愿意扮演跟随者的角色,进而地区1(发达地区)会事先确定对地区2(欠发达地区)合作成本的激励比例,并确定自己的最优合作努力程度;而地区2知道地区1的策略行为后,会调整自身合作努力策略以获取收益最大化;与此同时,地区1在制定策略行为前也会完全注意到地区2的跟随反应。因此,可利用逆向归纳法,先考虑地区2最优化行为,令其行为函数为:

$$\rho V_2(Y) = \max_{N_2 \geq 0}\left\{\omega(\varepsilon N_1 + \phi N_2 + \phi Y) - \frac{\mu_2}{2}(1-\theta)N_2^2 + V'_2(Y)(\alpha N_1 + \beta N_2 - \chi Y)\right\}$$

$$(8-18)$$

通过对 N_2 一阶偏导零化处理可得出其最优合作努力策略:

$$N_2 = \frac{\omega\phi + \beta V'_2(Y)}{(1-\theta)\mu_2} \qquad (8-19)$$

此时,地区1会充分考虑到地区2的最优合作努力策略,从而通过确定最优合作努力策略来实现自身收益最大化。故地区2的行为函数为:

$$\rho V_1(Y) = \max_{N_1 \geq 0}\left\{(1-\omega)(\varepsilon N_1 + \phi N_2 + \phi Y) - \frac{\mu_1}{2}N_1^2 - \theta\frac{\mu_2}{2}N_2^2 + V'_1(Y)(\alpha N_1 + \beta N_2 - \chi Y)\right\}$$

$$(8-20)$$

将式(8-19)与式(8-20)整理合并,并分别对 N_1 和 θ 进行一阶偏导零化处理,可得:

$$N_1 = \frac{(1-\omega)\varepsilon + \alpha V'_1(Y)}{\mu_1} \tag{8-21}$$

$$\theta = \frac{\phi(2-3\omega) + \beta[2V'_1(Y) - V'_2(Y)]}{\phi(2-\omega) + \beta[2V'_1(Y) + V'_2(Y)]} \tag{8-22}$$

同样,采取待定系数法最终求得:

$$N_1^{**} = \frac{(1-\omega)[\varepsilon(\rho+\chi) + \phi\alpha]}{\mu_1(\rho+\chi)} \tag{8-23}$$

$$N_2^{**} = \frac{(2-\omega)[\phi(\rho+\chi) + \phi\beta]}{2\mu_2(\rho+\chi)} \tag{8-24}$$

$$\theta^{**} = \begin{cases} \dfrac{2-3\omega}{2-\omega}, & 0 < \omega < \dfrac{2}{3} \\ 0, & \dfrac{2}{3} \leq \omega < 1 \end{cases} \tag{8-25}$$

由于 $0 < \theta \leq 1$ 且 $0 < \omega < 1$,故只存在 $0 < \omega < \dfrac{2}{3}$,且 $\theta^{**} = \dfrac{2-3\omega}{2-\omega}$,进而可得到地区间与省际交界区整体最优合作收益函数,即

$$V_1^{**}(Y) = \frac{(1-\omega)\phi}{\rho+\chi}Y + \frac{(1-\omega)^2[\varepsilon(\rho+\chi)+\phi\alpha]^2}{2\rho\mu_1(\rho+\chi)^2} + \frac{(2-\omega)^2[\phi(\rho+\chi)+\phi\beta]^2}{8\rho\mu_2(\rho+\chi)^2} \tag{8-26}$$

$$V_2^{**}(Y) = \frac{\omega\phi}{\rho+\chi}Y + \frac{\omega(1-\omega)[\varepsilon(\rho+\chi)+\phi\alpha]^2}{\rho\mu_1(\rho+\chi)^2} + \frac{\omega(2-\omega)[\phi(\rho+\chi)+\phi\beta]^2}{4\rho\mu_2(\rho+\chi)^2} \tag{8-27}$$

$$V^{***}(Y) = \frac{\phi}{\rho+\chi}Y + \frac{(1-\omega^2)[\varepsilon(\rho+\chi)+\phi\alpha]^2}{2\rho\mu_1(\rho+\chi)^2} + \frac{(4-\omega^2)[\phi(\rho+\chi)+\phi\beta]^2}{8\rho\mu_2(\rho+\chi)^2} \tag{8-28}$$

三是协同型合作。省际交界区内部各地区都希望通过合作来深化经济发展,以构成一个有机整体,双方完全实现了"内部化",以省际交界区收益最大化为目标,这也是省际交界区经济合作发展的高级阶段,双方会共同确定最优合作努力策略 N_1 和 N_2 及最优收益函数 $V(Y)$,"激励因子"可取 $[0,1]$ 内的任意数

值，故

$$T = T_1 + T_2 = \int_0^\infty e^{-\rho t}\left[(\varepsilon N_1 + \phi N_2 + \phi Y) - \frac{\mu_1}{2}N_1^2 - \frac{\mu_2}{2}N_2^2\right]dt \quad (8-29)$$

省际交界区整体行为函数为：

$$\rho V(Y) = \max_{N_1 \geq 0, N_2 \geq 0}\left\{(\varepsilon N_1 + \phi N_2 + \phi Y) - \frac{\mu_1}{2}N_1^2 - \frac{\mu_2}{2}N_2^2 + V'(Y)(\alpha N_1 + \beta N_2 - \chi Y)\right\}$$

$$(8-30)$$

通过解析，地区1与地区2的最优合作努力策略：

$$N_1^{***} = \frac{\varepsilon(\rho+\chi) + \phi\alpha}{\mu_1(\rho+\chi)} \quad (8-31)$$

$$N_2^{***} = \frac{\phi(\rho+\chi) + \phi\beta}{\mu_2(\rho+\chi)} \quad (8-32)$$

进一步得到省际交界区最优收益情况：

$$V^{***}(Y) = \frac{\phi}{\rho+\chi}Y + \frac{[\varepsilon(\rho+\chi)+\phi\alpha]^2}{2\rho\mu_1(\rho+\chi)^2} + \frac{[\phi(\rho+\chi)+\phi\beta]^2}{2\rho\mu_2(\rho+\chi)^2} \quad (8-33)$$

在取得最优收益时，地区1与地区2会分别以$1-\omega$与ω比例进行总收益分配，可从而得到地区间最优合作收益情况，即：

$$V_1^{***}(Y) = \frac{(1-\omega)\phi}{\rho+\chi}Y + \frac{(1-\omega)[\varepsilon(\rho+\chi)+\phi\alpha]^2}{2\rho\mu_1(\rho+\chi)^2} + \frac{(1-\omega)[\phi(\rho+\chi)+\phi\beta]^2}{2\rho\mu_2(\rho+\chi)^2}$$

$$(8-34)$$

$$V_2^{***}(Y) = \frac{\omega\phi}{\rho+\chi}Y + \frac{\omega[\varepsilon(\rho+\chi)+\phi\alpha]^2}{2\rho\mu_1(\rho+\chi)^2} + \frac{\omega[\phi(\rho+\chi)+\phi\beta]^2}{2\rho\mu_2(\rho+\chi)^2} \quad (8-35)$$

从三类合作情形地区合作努力策略行为看，地区1最优合作努力策略均受到$\frac{[\varepsilon(\rho+\chi)+\phi\alpha]}{\mu_1(\rho+\chi)}$这一因子的影响，地区2最优合作努力策略也会受到$\frac{\phi(\rho+\chi)+\phi\beta}{\mu_2(\rho+\chi)}$这一因子影响。因此，地区间努力成本系数、产出漏损系数越高，合作努力程度就越低，而各自的边际努力产出系数和边际努力收益系数、产出影响系数越大，地区主体推动省际交界区合作的努力程度就越高。

而当收益分配系数为 $0<\omega<\frac{2}{3}$ 时,

$$N_1^{**} - N_1^{*} = 0 \tag{8-36}$$

$$N_1^{***} - N_1^{**} = \frac{\omega[\varepsilon(\rho+\chi)+\phi\alpha]}{\mu_1(\rho+\chi)} > 0 \tag{8-37}$$

$$N_2^{**} - N_2^{*} = \frac{(2-3\omega)[\phi(\rho+\chi)+\phi\beta]}{2\mu_2(\rho+\chi)} = \frac{(2-\omega)[\phi(\rho+\chi)+\phi\beta]}{2\mu_2(\rho+\chi)} \cdot \frac{2-3\omega}{2-\omega} = N_2^{**} \cdot \theta^{**} > 0 \tag{8-38}$$

$$N_2^{***} - N_2^{**} = \frac{\omega[\phi(\rho+\chi)+\phi\beta]}{\mu_2(\rho+\chi)} > 0 \tag{8-39}$$

在主从型合作下,与拮抗型合作相比,地区合作努力水平得到明显改善,改善程度等于最优"激励因子",这说明合作成本补贴作为一种激励机制,能够增强地区合作的积极性;在协同型合作下,地区的最优合作努力程度最大,且均优于其他合作类型。因此,在协同型合作下,地区主体更愿意参与付出。

从三类合作情形地区省际交界区整体收益来看:

$$V^{**}(Y) - V^{*}(Y) = \frac{(\omega-2)(3\omega-2)[\phi(\rho+\chi)+\phi\beta]^2}{8\rho\mu_2(\rho+\chi)^2} > 0 \tag{8-40}$$

$$V^{***}(Y) - V^{**}(Y) = \frac{\omega^2[\varepsilon(\rho+\chi)+\phi\alpha]^2}{2\rho\mu_1(\rho+\chi)^2} + \frac{\omega^2[\phi(\rho+\chi)+\phi\beta]^2}{8\rho\mu_2(\rho+\chi)^2} > 0 \tag{8-41}$$

就省际交界区整体最优收益大小来看,协同型合作居上,主从型合作次之,拮抗型合作为下。因此,加强协同性合作,有利于省际交界区整体总收益达到最高。协同型合作无疑是省际交界区发展的最优方向,但地区个体是否会选择这种合作类型呢?因此,协同型合作要想维持就必须保证地区个体实现帕累托最优,满足条件为:

$$V_1^{***}(Y) \geqslant V_1^{**}(Y) \geqslant V_1^{*}(Y) \tag{8-42}$$

$$V_2^{***}(Y) \geqslant V_2^{**}(Y) \geqslant V_2^{*}(Y) \tag{8-43}$$

其中,

$$V_1^{**}(Y) - V_1^{*}(Y) = \frac{(3\omega-2)^2[\phi(\rho+\chi)+\phi\beta]^2}{8\rho\mu_2(\rho+\chi)^2} > 0 \tag{8-44}$$

$$V_2^{**}(Y)-V_2^*(Y)=\frac{\omega(2-3\omega)[\phi(\rho+\chi)+\phi\beta]^2}{4\rho\mu_2(\rho+\chi)^2}>0 \tag{8-45}$$

故只需要保证 $V_2^{***}(Y) \geqslant V_2^{**}(Y)$，$V_1^{***}(Y) \geqslant V_1^{**}(Y)$。令 $m=[\varepsilon(\rho+\chi)+\phi\alpha]^2$，$n=[\phi(\rho+\chi)+\phi\beta]^2$，进一步得到：

$$V_1^{***}(Y)-V_1^{**}(Y)=\frac{(1-\omega)m}{2\rho\mu_1(\rho+\chi)^2}+\frac{(1-\omega)n}{2\rho\mu_2(\rho+\chi)^2}-\frac{(1-\omega)^2m}{2\rho\mu_1(\rho+\chi)^2}-\frac{(2-\omega)^2n}{8\rho\mu_2(\rho+\chi)^2}\geqslant 0$$

$$\tag{8-46}$$

$$V_2^{***}(Y)-V_2^{**}(Y)=\frac{\omega m}{2\rho\mu_1(\rho+\chi)^2}+\frac{\omega n}{2\rho\mu_2(\rho+\chi)^2}-\frac{\omega(1-\omega)m}{\rho\mu_1(\rho+\chi)^2}-\frac{\omega(2-\omega)n}{4\rho\mu_2(\rho+\chi)^2}\geqslant 0$$

$$\tag{8-47}$$

进而得出：

$$\frac{2m\mu_2}{4m\mu_2+n\mu_1} \leqslant \omega \leqslant \frac{4m\mu_2}{4m\mu_2+n\mu_1} \tag{8-48}$$

由于 $0<\omega<\frac{2}{3}$，且 $0<\frac{2m\mu_2}{4m\mu_2+n\mu_1}<\frac{2m\mu_2}{4m\mu_2}=\frac{1}{2}<\frac{2}{3}$，故当 $\frac{4m\mu_2}{4m\mu_2+n\mu_1}\geqslant\frac{2}{3}$ 时，即 $\frac{m\mu_2}{n\mu_1}\geqslant\frac{1}{2}$，$\omega$ 取值区间为 $\frac{2m\mu_2}{4m\mu_2+n\mu_1}\leqslant\omega\leqslant\frac{2}{3}$；而当 $\frac{4m\mu_2}{4m\mu_2+n\mu_1}\leqslant\frac{2}{3}$ 时，即 $0<\frac{m\mu_2}{n\mu_1}<\frac{1}{2}$，$\omega$ 取值区间为 $\frac{2m\mu_2}{4m\mu_2+n\mu_1}\leqslant\omega\leqslant\frac{4m\mu_2}{4m\mu_2+n\mu_1}$。

因此，为实现省际交界区整体收益最高，且能保证该类型合作维持下去，省际交界区的最佳收益分配系数 ω 要按照参与主体在合作过程中的努力、产出能力、贡献大小等指标为依据进行收益合理分配。即当 $\frac{m\mu_2}{n\mu_1}\geqslant\frac{1}{2}$ 时，ω 取值区间为 $\frac{2m\mu_2}{4m\mu_2+n\mu_1}\leqslant\omega\leqslant\frac{2}{3}$；而当 $0<\frac{m\mu_2}{n\mu_1}<\frac{1}{2}$ 时，ω 取值区间为 $\frac{2m\mu_2}{4m\mu_2+n\mu_1}\leqslant\omega\leqslant\frac{4m\mu_2}{4m\mu_2+n\mu_1}$。否则，如果收益划分不合理，使地区最优收益低于其他类型合作，则理性的地区个体不会考虑进行协同型合作。

需要说明的是，上述分析都建立在收入分配合理的基础上。而未考虑收益

分配系数为 $\frac{2}{3}<\omega<1$ 的情形，实际上，在此分配情形下，会发现：

$$V^{**}(Y)-V^{*}(Y)=\frac{(\omega-2)(3\omega-2)[\phi(\rho+\chi)+\phi\beta]^2}{8\rho\mu_2(\rho+\chi)^2}<0 \qquad (8-49)$$

$$V^{***}(Y)-V^{**}(Y)=\frac{\omega^2[\varepsilon(\rho+\chi)+\phi\alpha]^2}{2\rho\mu_1(\rho+\chi)^2}+\frac{\omega^2[\phi(\rho+\chi)+\phi\beta]^2}{8\rho\mu_2(\rho+\chi)^2}>0 \qquad (8-50)$$

此时，很难断定协同性合作带来的整体收益是否最大，这也意味着，收益分配不合理的省际交界区整体收益具有不确定性，从而使地区间合作难以为继。

本书从地区策略性行为视角出发来理解省际交界区经济合作行为，基于微分博弈比较分析拮抗型、主从型、协同型三类合作情形下地区最优努力策略、最优收益及省际交界区整体收益变化，得出相应结果：①地区的努力成本系数、边际努力产出系数和边际努力收益系数，整体产出漏损系数和产出影响系数是影响省际交界区合作行为的关键因素；②无论从地区间合作努力程度还是省际交界区整体收益来看，协同型合作居上，主从型合作次之，拮抗型合作为下；③要想维持协同型合作，必须按照参与主体在合作过程中的努力、产出能力、贡献大小等指标为依据确定最佳收益分配系数。

引申出的政策实践含义：为促进各地区参与省际交界区合作发展的积极性，并有效突破边界屏蔽效应，顺利切换到中介效应，应有针对性地采取措施以降低因合作努力而付出的成本，降低产出漏损率，提高边际努力产出能力，增加边际努力收益，扩大产出影响程度。省际交界区经济发展必须加强协同型合作发展，并以各地区在合作过程中的努力、产出能力、贡献大小等指标为依据设计收益共享契约，合理设置收益分配系数的取值范围。

3. 湘鄂赣省际交界区突破边界的实施路径

目前，湘鄂赣省际交界区空间结构仍呈现一种自我封锁、自成体系的发展态势。尽管湘鄂赣省际交界区在自然、文化上具有一定相似性，但各省际边界片区间地方保护主义与地方本位主义盛行，省界如一扇屏风，割断了省际间尤其是省际交界区区域内空间联系与生产要素流动性，横向联系受到严重制约，一体化发展面临着诸多障碍，区域合作缺乏制度规范，体制和机制亟待完善；

很多基础设施还处于分割状态,因此省际间低水平竞争导致的弊端会集中体现在省际交界区。这种省界因素带来的影响会使省际间交易成本过高,抑制了湘鄂赣省际交界区空间结构优化整合。尽管湘鄂赣省际交界区尤其是岳阳、九江、咸宁等中心城市间展开了多种形式的合作,但这种合作程度并不牢固,尤其是在重大资源优化配置、重大通道协调协作、重大产业的选择与布局上,并没有实质性的合作,未能形成点轴式空间结构,更遑论轴辐式空间结构了。

湘鄂赣省际交界区突破边界的屏蔽效应最关键和复杂的问题就是如何协调各主体相互间的利益和立场,畅通城市间经济资源的流通媒介,加快中心城市的集聚辐射效应,提高相互间及其圈内圈外集聚、扩散经济资源的规模与层次。因此,根据机会均等、公平竞争、利益兼顾和适当补偿的原则,必须逐步建立并完善事前协调与事后协调相结合的利益协调机制。

事前协调是湘鄂赣省际交界区各方经过事先协商一致,达成一定的协定。协调各地区的地方性法规政策和各项制度,在全国统一的法律和政策体系的指导下,逐步修正和统一各成员的地区性法规和政策,尤其是在招商引资、土地制度、户籍制度、技术开发等方面形成统一的法规,建立协调与管理制度等,从而更好地开放共同市场、统一开发利用自然资源和生态保护,使各方都具有同等的发展机会和分享经济利益的权利,确保规范高效运行。

事后协调是通过多种途径对参与区域分工而蒙受损失的一方事后进行一定补偿,或者对发展缓慢的落后地区给予一定的支持,体现利益兼顾和适当补偿的原则。可考虑借鉴欧盟的成功经验,设立保证制度执行的湘鄂赣省际交界区区域合作发展基金,包括投资贸易促进基金区域发展、研发创新基金项目、产业发展协调基金、人才培养和就业指导基金等。例如,对于产业发展协调基金来说,在投资和产业转移中,采取一定的税收返还和指标分解的办法,给予资本和产业转出地区适当补偿,有利于打破地区封锁,调动各方进行交界区协调的积极性。此外,还可充分利用各层次对话协商平台,进行一事一议的利益协调,如联合招商引资、信用信息共享、农民工社会保障关系、跨地区接转、流域生态补偿等,并探索创建一些新的制度化规范化的利益协调机制。

完善区域合作机制，加快推动形成共建共治共享社会治理新格局。在当前区域协调发展的背景下，湘鄂赣省际交界区域合作应当深层次、全方位展开，着力解决以往跨区域合作中的突出问题，建立行之有效的区域合作新机制。本书认为，可考虑建立湘鄂赣省际交界区区域联席会议制度，联席会应作为省际交界区区域协作的指导机构，并通过联络各节点地区的党政领导，积极开展交流，在充分讨论和平等协商的基础上对该区的发展战略、协作主题、合作框架达成共识并形成一系列会议纪要，作为制定协作政策和措施的重要意见和参考。联席会由交界区理事会负责组织，地点设在轮值理事长所在地区。高层联席会的核心是对省际交界区协同发展进行战略思考、协商制定发展蓝图、研商解决发展中的重大问题、统一争取中央政府和省市政府支持、指导理事会的工作、听取工作汇报、检查年度工作落实情况、研究下一年度工作重点等。同时，成立发展与改革协调会，将其作为区域协作的常设机构和法人主体，受联席会委托，直接负责省际交界区域的中心工作，承担着议定协作基本框架的作用，在遵循高层联席会议既定合作主题的基础上，制定协作区未来的发展具体规划、项目计划和实施方案等。并在发展与改革协调会下面分设各部门协作会议，落实区域协作措施。部门协作会议分为区域经济发展基金委员会、公共服务委员会、生态环境保护委员会、旅游合作委员会等，形成规范化、制度化长效机制，以确保相关政策和措施在各个部门得到切实执行，促进协作区部门间在项目和活动上的集体联动。

第九章　结论与展望

第一节　研究结论

本书从空间结构视角出发,采用新经济地理学分析框架,构建省际交界区空间结构形成演进的数理模型,并根据模型的均衡结果进行比较静态分析与特别动态分析,从集聚扩散、中心边缘和中介屏蔽三个层面探讨省际交界区空间结构形成的原理、驱动机制及阶段性表现特征。同时,选取代表性省际交界区,结合空间探索性分析方法、社会网络分析法、空间计量经济等分析空间结构的共时性、历时性、形态化,并对其空间结构的经济效应及影响因素加以比较。在理论和实证分析的基础上,剖析省际交界区空间结构优化整合的背景、内涵、模式,提出我国省际交界区空间结构优化整合的对策与实施路径。

首先,本书采用较为前沿的新经济地理学作为分析框架,结合省际交界区自身特殊性,通过引入新的变量和放松原有的假定条件,分析省际交界区空间结构形成演进机理。省际交界区空间结构形成演进过程中交织着三个层面机制:一是集聚与扩散机制,二是中心与边缘机制,三是中介屏蔽机制。而这三大机制影响着省际交界区空间结构由分散式耗散走向有序化均衡的形成演进与

省际交界区空间结构形成演进与优化整合

优化整合,导致省际交界区空间结构会形成四个阶段性的特征表现:一是省际交界区空间结构的节点状离散发展阶段,二是省际交界区空间结构的点轴状发展阶段,三是省际交界区空间结构的放射串珠状发展阶段,四是省际交界区空间结构的轴辐网络状发展阶段。

其次,本书选取湘鄂赣省际交界区作为代表性案例区域,从空间格局与网络结构层面对其空间结构展开定量化分析。在空间格局层面发现:湘鄂赣省际交界区县域经济发展存在不充分、不平衡的问题,随着经济发展等级的下降,县(市)数量显著增加,存在着明显的"金字塔"形等级特征,而且低水平县(市)相对其他地区更加靠近省界,边界效应特征表现突出。空间集聚性还处于较低水平,各县域之间的经济联系亟待加强,且这种集聚性因低水平相似而集聚。热点区域大多位于湘鄂赣省际交界区外围地区,冷点区域位于广大的内部腹地区域,"内冷外热"两极分化的不平衡格局仍未能有效化解,尤其是广大腹地区域缺乏中心城市带动;在网络结构层面发现,湘鄂赣省际交界区在空间上自北向南呈现典型的梯度递减的分布特征,其空间拓扑结构日趋密集复杂,存在典型的层级结构特征。整体网络中各节点经济联系不够紧密,但其内部部分节点之间的经济联系存在一定的聚集性特点。带有显著的小群体特征,不利于各县之间进行直接有效的经济联系。点度中心性水平并未发生显著的变化,而中介中心性水平整体出现了明显下降。"核心—边缘"结构相对稳定,同时各节点核心度变化幅度小且空间差距正拉大。本书还对其影响机制进行了分析,发现的劳动、资本、政府作用力对省际交界区经济发展均具有积极的作用,其中劳动投入回归系数表现出一定程度的空间相似性,资本投入回归系数高值易集中于热点区域,低值则集中于冷点区域。政府作用影响效应一方面表现为随着地区到中心城区距离的增加而依次递减,另一方面表现为不同省份间的影响差异。交通水平与教育发展水平对经济发展差异影响呈正负两极分化特征。

再次,本书从经济效应对湘鄂赣省际交界区空间结构进行了评价分析。第一,将特定的省际交界区空间结构转化为空间权重矩阵,从而借助空间杜宾模型识别空间结构的经济效应,研究发现,省际交界区本地经济发展水平提高会抑制邻近地区经济发展,地区间经济发展存在一定以邻为壑的空间连锁效应。劳动投入因子对区内经济发展具有一定的抑制作用,难以对邻近地区经济产生显著影响。资本投入因子对所在县域区内经济发展具有更强的促增作用,但未对邻近地区经济发展产生显著影响。教育发展因子不仅能显著提升自身地区经济发展水平,还在一定程度上对邻近地区经济发展形成了积极的促进作用。交通发展因子不仅导致自身地区经济水平上升,也带来了邻近地区经济水平上升。政府调控因子在一定程度上能控制所在地经济发展水平,且具有较显著的区际经济抑制效应。第二,在考虑网络结构整体特征与个体网络特征分的经济效应时,研究发现,省际交界区经济空间关联的网络结构对整体经济联系强度存在显著的影响,空间关联网络密度的提升以及网络等级度和网络效率的降低均能够显著提升省际交界区各县市间经济联系强度。点度中心度、接近中心度、中介中心度回归系数均为正值,且均通过了1%的显著性水平检验,这说明省际交界区空间结构中各县域的中心性对经济发展具有显著的促进作用。

最后,结合理论机理与实证分析结果,针对省际交界区空间结构优化提出了四个层面的具体路径:一是壮大节点,实施多核牵引的省际交界区多中心空间结构战略;二是打造轴线,以大通道战略促进省际交界区轴线的耦合发展;三是融合域面,实施省际交界区多枢纽轴辐式空间结构战略;四是突破边界,打造省际经济开放合作的前沿阵地。

第二节 研究展望

本书研究省际交界区空间结构演化过程,探究其演化的机理,既可以深化相关理论研究,也能够为调控省际交界区一体化和高质量协调发展提供政策依据。当然,本书尚有许多内容和问题需进一步深入研究。

(1)在分析湘鄂赣省际交界区经济空间结构时,尽管采用了较为前沿的夜间灯光数据,但在经济联系层面仍有待深化,尤其是可以用人流、物流、信息流和资源流等要素流动来反映。随着大数据的广泛使用,在未来的研究中可以考虑选择更多的流动因素和网络设施(如人口迁徙大数据、手机信令大数据等),从更多维度和层面客观科学有效揭示省际交界区空间关系,以满足省际交界区空间结构优化的研究需要与发展需求。

(2)空间结构研究是地理学与经济学研究的核心内容,空间结构均限于特定范围进行,省际交界区是一种特殊功能地域,其空间范围在理论上是经济发展等多因素交叉的内生化发展结果,随着经济社会联系的加强,省际交界区空间范围会进一步调整。在未来的研究中可从以下方向进行深入研究:一是不同空间范围研究空间结构存在差异,空间范围的扩大不仅是城市数量增加,还包括空间关系和交互机理发生改变;二是从异质性演化视角,根据不同类型省际交界区空间结构生成机理,进一步研究空间结构特征。

(3)近年来,我国展开了国土空间规划战略,优化国土空间结构是国土空间规划的重要内容。省际交界区作为国土空间重要的特殊地域单元,承载着国家经济发展和环境保护的重要任务,优化省际交界区空间结构是国土空间优化的核心组成。未来可考虑将省际交界区空间结构优化与其他类型国土空间优化进行有效整合。

(4)中国省际交界的研究在经济学、人文地理学等领域已开展多年,但由于涉及面广、涉猎学科庞杂、牵扯交叉学科较多等诸多问题尚未形成系统的研究思路与研究方法,在不同学科中有不用的侧重,在不同学者的视野中也有不用的呈现。并且随着时间的推移,研究方法不断更新,学者将运用更多的科学研究方法分析与解决经济学的相关问题。但经过两年的研究,笔者认为诸如此类大型又复杂的现实问题,应深入实际、面向实际并且结合实际去研究,实践证明,任何一种或多种计量经济学的方法只能验证或解决复杂问题的部分层面或证明某种角度,无法多维度、全方位地说明问题并解决问题。

参考文献

[1][美]埃德加·胡佛.区域经济学导论[M].北京:中国轻工业出版社,1999.

[2]安虎森,等.新经济地理学原理(第二版)[M].北京:经济科学出版社,2009.

[3]安树伟.行政区边缘经济论:中国省级交界地带经济活动分析[M].北京:中国经济出版社,2004.

[4]安树伟,母爱英.省级"行政区边缘经济"与统筹区域协调发展[J].西部论坛,2005(6):52-56.

[5]安树伟,张素娥.中国省区交界地带经济活动基本特征分析[J].重庆工商大学学报(西部论坛),2004(6):27-30.

[6]奥古斯特·勒施.经济空间秩序:经济财货与地理间的关系[M].北京:商务印书馆,1995.

[7][美]保罗·克鲁格曼.地理与贸易[M].北京:北京大学出版社,2001.

[8]部慧,梁小珍,皮理.我国金融业区域发展差异的空间统计分析[J].系统工程理论与实践,2014(5):1171-1180.

[9]曹小曙,徐建斌.中国省际交界区县域经济格局及影响因素的空间异质性[J].地理学报,2018,73(6):1065-1075.

[10]常亮,敖荣军.中国边界县区人口老龄化的时空格局及其影响因素研究[J].世界地理研究,2021,30(2):410-421.

[11]陈景信,焦世泰.滇黔桂省际边界民族地区国土空间开发格局研究[J].西北民族大学学报(哲学社会科学版),2017(6):84-90.

[12]陈才.区域经济地理学原理[M].北京:中国科技出版社,1991.

[13]陈建军,姚先国.论上海和浙江的区域经济联系:一个关于"中心—边缘"理论和"极化—扩散"效应的实证研究[J].中国工业经济,2003(5):28-33.

[14]陈秀山,张可云.区域经济理论[M].北京:商务印书馆,2004.

[15]陈永林,谢炳庚,杨贤房,等.多引力作用下的省际边界县域经济空间格局及发展思路:以赣粤闽客家聚居区为例[J].经济地理,2018,38(1):46-51,14.

[16]陈钊.行政交界区刍论[J].人文地理,1996(4):41-44.

[17]程金龙.中原经济区省际交界区经济格局时空演化[J].经济地理,2018,38(3):30-36.

[18]仇方道,佟连军,朱传耿,等.省际边缘区经济发展差异的时空格局及驱动机制[J].地理研究,2009,28(2):451-463.

[19]崔继昌,方斌,陈添悦.省际交界地区城市生态效率时空演变研究:以淮海经济区为例[J].城市问题,2020(9):4-12.

[20]崔继昌,郭贯成.省际交界地区城市用地结构时空演变及影响因素:基于信息熵视角的分析[J].城市问题,2022(3):33-42,65.

[21]单正英.中心城市对非中心城镇规模影响的定量分析[J].地域研究与开发,2013(1):61-64.

[22]丁建军,冷志明,等.政绩考核方式与省际交界区经济协同发展[J].制度经济学研究,2009(2):100-111.

[23]董雪兵,崔宁.省际交界地区的发展困境及形成机制研究:来自设立重庆直辖市的经验证据[J].重庆大学学报(社会科学版),2023,29(3):

1-20.

[24]段学军,虞孝感,陆大道.克里格曼的新经济地理研究及其意义[J].地理学报,2010,65(2):132.

[25]鄂冰,袁丽静.中心城市产业结构优化与升级理论研究[J].城市发展研究,2012,19(4):60-64.

[26]费孝通.关于我国民族的识别问题[J].中国社会科学,1980(1):147-162.

[27]封凯栋,刘星圻,陈俊廷,等.行政边界对振兴连片特困区的影响:区域增长极扩散效应的视角[J].中国软科学,2022(2):65-73.

[28]冯玉梅,杨瑞桐.金融资源配置效率及其影响因素研究综述[J].武汉金融,2018(9):50-56.

[29]高鬻,王士君,谭亮.东北振兴以来吉林省区域经济差异的时空演变研究[J].地理科学,2017,37(11):1712-1719.

[30]高玲玲.中心城市与区域经济增长:理论与实证[J].经济问题探索,2015(1):76-81.

[31]高玲玲,周华东.中心城市对区域经济增长贡献的评价体系研究:以中部地区中心城市为例[J].经济问题探索.2009(12):31-36.

[32]高新才,王一婕.中国省际交界区域城市发展研究:基于区域协调发展战略的视角[J].西北大学学报(哲学社会科学版),2019,49(6):78-87.

[33]顾朝林,庞海峰.基于重力模型的中国城市体系空间联系与层域划分[J].地理研究,2008,27(1):1-12.

[34]郭荣朝.省际边缘区城镇化研究[M].北京:中国社会科学出版社,2006.

[35]郭荣星.中国省级交界区经济发展研究[M].北京:海洋出版社,1993.

[36]国家计委国土开发与地区经济研究所课题组.对区域性中心城市内涵的基本界定[J].经济研究参考,2002(52):2-13.

[37]韩勇,娄昕欣,高军波,等.局部邻近弱弱型省际交界地区次区域网络演化研究:以鄂豫皖省际交界地区为例[J].地域研究与开发,

2022，41(6)：7-13.

[38]郝寿义，安虎森.区域经济学[M].北京：经济科学社，1999.

[39]何龙斌.省际边缘区接受省会城市经济辐射研究[J].经济问题探索，2013(6)：74-78.

[40]何龙斌.省际边缘区接受中心城市经济辐射研究[J].经济纵横，2013(6)：2-16.

[41]何龙斌.省际边缘区"贫困陷阱"的形成与突破：以陕、鄂、川、甘省际边缘区为例[J].经济问题探索，2016(9)：58-64.

[42]何龙斌.省际边缘区增长极城市培育研究[J].陕西理工学院学报，2014(8)：22-39.

[43]胡宇娜，梅林，魏建国.基于GWR模型的中国区域旅行社业效率空间分异及动力机制分析[J].地理科学，2018，38(1)：107-113.

[44]黄静波，李纯.湘粤赣省际区域城市中心性比较研究[J].经济地理，2011(10)：1645-1650.

[45]黄细嘉，李文晓.省际交界区旅游发展障碍因素及其促进策略：以江西与周边省份为例[J].南昌大学学报(人文社会科学版)，2016，47(6)：69-75.

[46]黄新飞，陈珊珊，李腾.价格差异、市场分割与边界效应：基于长三角15个城市的实证研究[J].经济研究，2014，49(12)：18-32.

[47]黄征学.中西部省际交界地区的发展策略[J].宏观经济管理，2015(7)：37-39.

[48]贾先文，李周，李民.省际交界区跨界环境风险全过程管理机制构建[J].经济地理，2018，38(1)：174-179.

[49]贾若祥，侯晓丽.山东省省际交界区发展研究[J].地域研究与开发，2003(2)：30-34.

[50]焦世泰，王鹏，陈景信.滇黔桂省际边界民族地区土地资源可持续利用[J].经济地理，2019，39(1)：172-181.

[51]焦世泰,王鹏,戴其文,等.滇黔桂省际交界区城镇经济联系的网络结构特征与演化分析[J].人文地理,2018,33(6):77-86.

[52][德]克里斯塔勒.德国南部的中心地理论[M].北京:商务印书馆,2010.

[53]冷志明.中国省际毗邻地区经济合作和协同发展的运行机制研究[J].经济与管理研究,2005(7):63-64.

[54]冷志明,唐银.省区交界地域主体功能区建设的运行机制研究:以湘鄂渝黔边区为例[J].经济地理,2010,30(10):1601-1604,1618.

[55]冷志明,易夫.省际交界区中心城市的构建[J].人文地理,2008(3):73-79.

[56]李俊杰.省际交界区经济协同发展研究:以湘鄂渝黔边地区为例[D].武汉:华中农业大学,2009.

[57]李郁,徐现祥.边界效应的测定方法及其在长江三角洲的应用[J].地理研究,2006(5):792-802.

[58]李健.经济地理学[M].北京:高等教育出版社,1999.

[59]李锦章,等.次中心城市与区域经济发展[J].江汉论坛,2003(2):5-9.

[60]李敬,陈澍,万广华,等.中国区域经济增长的空间关联及其解释:基于网络分析方法[J].经济研究,2014(11):4-16.

[61]李俊杰.湘鄂渝黔省际交界区政策协同研究[J].中南民族大学学报(人文社会科学版),2008,28(1):128-133.

[62]李俊杰,李海鹏.省际边界民族地区"边界效应"分析与治理模式初探:以湘鄂渝黔边"土家苗瑶走廊"为例[J].西南民族大学学报(人文社会科学版),2010,31(3):165-169.

[63]李荣娟.行政区与经济区的冲突与张力整合[J].国家行政学院学报,2007(5):57-60.

[64]李铁立.边界效应与跨边界次区域经济合作研究[M].北京:中国金

融出版社,2005.

[65]李铁立.边界转型对欧洲一体化进程的影响机制[J].欧洲研究,2008(4):15-26.

[66]李翔,朱江,尹向东.基于夜间灯光数据的中国经济发展时空格局特征[J].地球信息科学学报,2019,21(3):417-4.

[67]李晓飞.户籍制度改革的中"核心—边缘"模式与府际合作径路[J].华中科技大学学报(社会科学版),2015,29(6):62-69.

[68]李小建.20世纪经济地理学发展及其研究特点[J].人文地理,1999(4):5-9.

[69]李新光,黄安民.高铁对县域经济增长溢出效应的影响研究:以福建省为例[J].地理科学,2018,38(2):233-241.

[70]李学鑫,田广增,苗长虹.区域中心城市经济转型:机制与模式[J].城市发展研究,2010,17(4):26-32.

[71]李忠.增长中心城市辐射带动功能,实现区域协调发展[J].经济研究参考,2006(82):10-15.

[72]梁双陆.中国省区交界地带经济发展思考[J].改革与战略,1998(2):27-29.

[73]廖什.经济空间秩序[M].北京:商务印书馆,1995.

[74]林木西.论中心城市的性质与功能[J].中共沈阳市委党校学报,2000(6):14-16.

[75]刘海龙,张丽萍,王炜桥,等.中国省际交界区县域城镇化空间格局及影响因素[J].地理学报,2023,78(6):1408-1426.

[76]刘华军,杜广杰.中国经济发展的地区差距与随机收敛检验:基于2000~2013年DMSP/OLS夜间灯光数据[J].数量经济技术经济研究,2017,34(10):43-59.

[77]刘华军,刘传明,孙亚男.中国能源消费的空间关联网络结构特征及其效应研究[J].中国工业经济,2015(5):83-95.

[78]刘军.整体网分析讲义：UCINET软件实用指南[M].上海：格致出版社，2009.

[79]刘君德.中国行政区划的理论与实践[M].上海：华东师范大学出版社，1996.

[80]刘君德.中国转型期"行政区经济"现象透视：兼论中国特色人文—经济地理学的发展[J].经济地理，2006，26(6)：897-901.

[81]刘君德，舒庆.论行政区划、行政管理体制与区域经济发展战略[J].经济地理，1993，14(1)：1-5.

[82]刘君德，舒庆.中国区域经济的新视角[J].改革与战略，1996(5)：13-19.

[83]刘敏，常非凡，毕小硕.推动省际交界地区经济合作发展[J].宏观经济管理，2022(9)：54-61.

[84]刘宁宁，沈正平，施同兵，等.省际边缘区经济发展问题与对策研究—以苏鲁豫皖交界地带为例[J].现代经济探讨，2007(8)：39-43.

[85]刘小康."行政区经济"概念再探讨[J].中国行政管理，2010(3)：27-31.

[86]刘玉亭，张结魁.省际毗邻地区开发模式探讨[J].地理学与国土研究，1999(5)：45-49.

[87]刘园丽.基于区间分析的金融生态环境评价及其实证[J].统计与决策，2017(11)：166-168.

[88]刘则渊，王贤文，陈超美.科学知识图谱方法及其在科技情报中的应用[J].数字图书馆论坛，2009，10(10)：14-34.

[89]鲁勇.行政区域经济[M].北京：人民出版社，2002.

[90]陆大道.关于"点—轴"空间结构系统的形成机理研究[J].地理科学，2002(1)：1-6.

[91]陆大道.论区域的最佳结构与最佳发展：提出"点—轴系统"和"T"型结构以来的回顾与再分析[J].地理学报，2001(2)：127-135.

[92]陆大道. 区域发展及其空间结构[M]. 北京：科学出版社，1995.

[93]陆大道. 中国工业布局的理论与实践[M]. 北京：科学出版社出版，1990.

[94]马光荣，赵耀红. 行政区划壁垒、交界区公共品提供与经济发展[J]. 金融研究，2022(8)：55-73.

[95]苗建军. 城市发展路径：区域性中心城市发展研究[M]. 南京：东南大学出版社，2004.

[96][瑞典]缪尔达尔. 累积因果理论[M]. 北京：中国经济出版社，1999.

[97]潘永，朱传耿. 江苏省与其毗邻省市空间竞合模式研究[J]. 地理与地理信息科学，2007，23(4)：62-67.

[98]裴瑱. 中心城市与周边城市的分工与产业整合[D]. 上海：复旦大学，2005.

[99]彭芳梅. 粤港澳大湾区及周边城市经济空间联系与空间结构：基于改进引力模型与社会网络分析的实证分析[J]. 经济地理，2017(12)：57-64.

[100]任以胜，陆林，朱道才. 区域协调发展战略下的行政边界研究框架[J]. 经济地理，2019，39(3)：29-36，47.

[101]任会明，叶明确. 上海银行产业的网络结构特征和空间格局演化[J]. 经济地理，2018，38(9)：147-157.

[102]尚正永，刘传明，白永平，等. 省际交界区发展的空间结构优化研究：以闽粤湘赣省际交界区为例[J]. 经济地理，2010，30(2)：183-187.

[103]邵汉华，周磊，刘耀彬. 中国创新发展的空间关联网络结构及驱动因素[J]. 科学学研究，2018(11)：2055-2069.

[104]世界银行. 2009年世界发展报告：重塑世界经济地理[M]. 北京：清华大学出版社，2009.

[105]孙红玲. 中心城市发育、城市群形成与中部崛起[J]. 中国工业经济，2012(11)：31-43.

[106]唐为. 分权、外部性与边界效应[J]. 经济研究，2019，54(3)：103-118.

[107]陶希东.跨省都市圈的行政区经济分析及其整合机制研究[D].上海:华东师范大学,2004.

[108]滕飞,申红艳.基于多区域中心城市的省际交界地区区域合作研究[J].中国软科学,2017(6):81-88.

[109][日]藤田昌久,[美]保罗·R.克鲁格曼,[英]安东尼·J.维纳布尔斯.空间经济学:城市、区域与国际贸易[M].北京:中国人民大学出版社,2005.

[110]童中贤.我国连片特困地区发展战略进路研究:基于武陵山地区城市增长极构建的视角[J].城市发展研究,2002(12):66-70.

[111]童中贤,曾群华,马骏.我国连片特困地区增长极培育的战略分析:以武陵山地区为例[J].中国软科学,2012(4):85-96.

[112][美]瓦尔特·艾萨德.区域科学导论[M].北京:高等教育出版社,1991.

[113]汪增洋.边缘区中心城市崛起的理论依据与实现对策[J].商业时代,2008(31):12-13.

[114]王爱民,马学广,陈树荣.行政边界地带跨政区协调体系构建[J].地理与地理信息科学,2007(5):56-61.

[115]王恩涌,等.政治地理学[M].北京:高等教育出版社,1998.

[116]王君.我国区域性中心城市发展现状分析[J].经济研究参考,2002(81):9-14.

[117]王俊,夏杰长.中国省域旅游经济空间网络结构及其影响因素研究:基于QAP方法的考察[J].旅游学刊,2018,33(9):13-25.

[118]王凯.我国省际毗邻地区旅游经济的空间矛盾及其调控[J].软科学2015,18(2):59-61.

[119]王力.中国金融中心城市金融竞争力评价研究[J].金融评论,2018(4):95-109,122.

[120]王贤彬,黄亮雄.夜间灯光数据及其在经济学研究中的应用[J].经

济学动态,2018(10):75-87.

[121]王兴平.省际边界小城镇整合发展策略研究[J].现代城市研究,2008(10):46-54.

[122]王雪微,赵梓渝,曹卫东,等.长三角城市群网络特征与省际边界效应:基于人口流动视角[J].地理研究,2021,40(6):1621-1636.

[123]王义民,李文田.省级交界区经济发展的空间分析[J].地域研究与开发,2008,27(4):15-19.

[124]王印传,等.省际边界城镇发展研究:首都经济圈省际边界城镇类型探讨[J].城市发展研究,2011,21(1):96-101.

[125]王友云,陈琳.省际边界中心城市建设:定位与路径[J].开放导报,2015(1):109-112.

[126]王兆峰.湘鄂渝黔边区旅游产业集群竞争力提升研究[J].吉首大学学报(社会科学版),2006(3):122-125.

[127]王振波,朱传耿,徐建刚.省际交界区边界效应的测定:以淮海经济区为例[J].经济地理,2008,28(5):765-770.

[128]王忠峰.边缘效应及其对边缘地经济发展的促进[J].改革,2006(11):48-51.

[129][德]韦伯.论工业区位[M].北京:商务印书馆,2010.

[130]魏后凯.区域开发理论研究[J].地域研究与开发,1988(1):16-19.

[131]魏杰.中国城市化进程中的区域性中心城市的城建问题[J].经济纵横,2001(3):2-3.

[132]魏巍,周世军.中国区域金融集聚的空间关联特征及影响因素研究:基于社会网络分析方法[J].兰州财经大学学报,2018,34(3):85-93.

[133]文玉钊,钟业喜,黄洁.交通网络演变对中心城市腹地范围的影响[J].经济地理,2013,33(6):59-66.

[134][美]沃纳·赫希.城市经济学[M].北京:中国科学出版社,1990.

[135]吴昊旻,靳亭亭.金融生态环境与企业创新效率[J].金融论坛,

2017,22(12):57-67.

[136]吴良亚.区域中心城市核心竞争力的评价体系及其政策因应[J].改革,2010(4):73-77.

[137]吴顺发,程和侠.区域性中心城市功能研究[J].技术经济,2007(4):113-115.

[138]武志.金融发展与经济增长:来自中国的经验分析[J].金融研究,2010(5):58-68.

[139]晓舟.茶马互市与边疆内地一体化[J].中国边疆史地研究,1992(2):67-71.

[140]谢守红,刘春腊.中心城市崛起:西部大开发的引擎[J].中国科技论坛,2007(11):33-36.

[141]谢文蕙,邓卫.城市经济学[M].北京:清华大学出版社,2008.

[142]行伟波,李善同.引力模型、边界效应与中国区域间贸易[J].国际贸易问题,2010(10):32-41.

[143]徐海乐,杜征征.区域金融地理差异的实证分析:以安徽、浙江为例[J].现代管理科学,2014(1):51-53.

[144]徐康宁,陈丰龙,刘修岩.中国经济增长的真实性:基于全球夜间灯光数据的检验[J].经济研究,2015,50(9):17-29,57.

[145][英]亚当·斯密.国民财富的性质和原因的研究[M].北京:商务印书馆,1974.

[146]杨海余,王耀中,刘志忠.新经济地理学视角的中心外围模型评介[J].经济学动态,2004(7):109-113.

[147]杨丽花,刘娜,白翠玲.京津冀雄旅游经济空间结构研究[J].地理科学,2018(3):394-401.

[148]杨龙,聂际慈.省际交界地带区域合作的政策创新:以黄河金三角区域合作的机制探索为例[J].晋阳学刊,2017(1):87-96.

[149]余凤鸣,张阳生,周杜辉,等.基于ESDA-GIS的省际边缘区经济空

间分异：以呼包鄂榆经济区为例[J]. 地理科学进展，2012，31(8)：997-1004.

[150]虞虎，陈田，陆林，等. 江淮城市群旅游经济网络空间结构与空间发展模式[J]. 地理科学进展，2014(2)：169-180.

[151]袁野，钱莲芬. 基于网络分析法的中国区域金融空间关联分析研究[J]. 温州大学学报（自然科学版），2018，39(3)：38-46.

[152][德]约翰·冯·杜能. 孤立国同农业和国民经济的关系[M]. 吴衡康，译. 北京：商务印书馆，1986.

[153]曾冰. 边界效应与省际交界区经济发展研究：基于新经济地理学视角[J]. 财经科学，2015(9)：87-98.

[154]曾冰，等. 从行政区和经济区关系演化探析我国省际交界地区发展[J]. 经济地理，2016(1)：17-23.

[155]曾冰. 基于NPP/VIIRS夜间灯光数据的湘鄂赣省际交界区县域经济空间格局及影响因素[J]. 地理科学，2020，40(6)：900-907.

[156]曾冰. 区域经济分析与ArcGIS软件应用[M]. 南昌：江西人民出版社，2018.

[157]曾冰. 省际交界区中心城市发展机理与培育路径研究[J]. 宁夏社会科学，2017(6)：85-90.

[158]曾冰. 我国区域金融发展与经济敛散性分析：基于省级面板数据的研究[J]. 经济问题探索，2015(8)：134-141.

[159]曾冰. 我国省际边界效应的再检验：基于空间计量交互模型[J]. 云南财经大学学报，2016(1)：62-71.

[160]曾冰，邱志萍. 省际交界区经济网络空间结构研究：以湘鄂赣的灯光数据为实证[J]. 财经科学，2018(11)：110-121.

[161]曾冰，张朝，龚征旗，等. 从行政区和经济区关系演化探析我国省际交界地区发展[J]. 经济地理，2016，36(1)：27-32,52.

[162]曾冰，张艳. 我国区域金融发展的经济增长效应测度及其时空分异研究[J]. 经济与管理评论，2018，34(2)：132-141.

[163]曾菊新．空间经济：系统与结构[M]．武汉：武汉出版社，1996．

[164]张文涛，肖大威，廖路思．粤闽赣省际交界区的协同关系和尺度重组[J]．南方建筑，2022(3)：72-78．

[165]张复明，景普秋．资源型区域中心城市的产业演进与城市化发展：以太原市为例[J]．中国人口·资源与环境，2007(2)：121-134．

[166]张克雯．我国金融产业集聚与经济增长关系的实证分析[J]．统计与决策，2018，34(18)：136-139．

[167]张亮，刘义成．我国省际交界区发展问题及对策研究[J]．经济纵横，2015(7)：90-93．

[168]张荣天．长三角城市群网络结构时空演变分析[J]．经济地理，2017(2)：46-52．

[169]张善信．淮海经济区城市化与中心城市问题解析[J]．中国软科学，2001(3)：103-107．

[170]张秀凤，朱海燕．西部省际交界区城市化进程的发展与思考[J]．经济与社会发展，2009，7(2)：138-141．

[171]张学波，杨成凤，宋金平，等．中国省际边缘县域经济差异空间格局演变．经济地理，2015，35(7)：30-38．

[172]张学良，韩慧敏，许基兰．省际交界区空间发展格局及优化路径研究：以鄂豫陕三省交界区为例[J]．重庆大学学报(社会科学版)，2023，29(1)：10-23．

[173]张学良，韩慧敏，许基兰．新型区域合作背景下省际交界区域跨越式发展研究[J]．经济纵横，2023(6)：37-46．

[174]张英．构建湘鄂渝黔边旅游协作区探讨[J]．江汉论坛，2004(4)：31-34．

[175]张臻．区域中心城市的形成机理与评价研究：以武汉创建国家中心城市为例[D]．武汉：武汉理工大学，2013．

[176]赵纯凤，杨晴青，朱媛媛，等．湖南区域经济的空间联系和空间

组织[J]. 经济地理, 2015(8): 53-60.

[177]赵建安, 等. 川滇藏接壤地区产业结构及其调整[J]. 资源科学, 2000, 22(4): 62-64.

[178]钟昌标, 肖庆文. 晋升锦标赛下省际交界区的发展困境与突围[J]. 福建行政学院学报, 2015(6): 93-98.

[179]周再清, 吴娇, 陶冶. 金融地理学视角下中国农村金融省际差异研究[J]. 财经理论与实践, 2013, 34(5): 15-19.

[180]周一星, 张莉, 武悦. 城市中心性与我国城市中心性的等级体系[J]. 地域研究与开发, 2001, 4(20): 1-5.

[181]周潮, 刘科伟, 陈宗兴. 省际边缘区城市空间辐射范围研究[J]. 人文地理, 2011(3): 60-64.

[182]周克瑜. 论行政区和经济区的关系及其调整[J]. 经济地理, 1994, 14(1): 1-5.

[183]周克瑜. 走向市场: 中国行政区与经济区的关系及其整合[M]. 上海: 复旦大学出版社, 1999.

[184]周黎安, 陶婧. 官员晋升竞争与边界效应: 以省区交界地带的经济发展为例[J]. 金融研究, 2011(3): 15-18.

[185]周青浮. 省际交界区市域竞争力的比较分析[J]. 统计与决策, 2014(20): 112-114.

[186]周天芸, 王莹. 金融机构空间集聚与经济增长: 来自广东省县域的实证检验[J]. 地理研究, 2014, 33(6): 1119-1128.

[187]周游, 张敏. 经济中心城市的集聚与扩散规律研究[J]. 南京师大学报(社会科学版), 2000(4): 16-22.

[188]周振鹤. 中国历代行政区划的变迁[M]. 北京: 商务印书馆, 1998.

[189]朱传耿, 王振波, 孟召宜. 我国省际交界区的研究进展及展望[J]. 经济地理, 2007, 27(2): 302-305.

[190]朱传耿, 仇方道, 孟召宜. 省际交界区协调发展研究[M]. 北京: 科

学出版社，2012.

[191] 朱传耿，王振波，仇方道. 省际交界区城市化模式比较研究[J]. 人文地理，2006，21(1)：1-5.

[192] 朱海燕、武友德. 省际交界区特色城市化道路研究[J]. 资源开发与市场，2007，23(12)：1111-1114.

[193] 朱金春. 跨越边界的互动与融合：川甘青交界地区的族际交往与和谐民族关系建构[J]. 青海社会科学，2020(3)：146-154.

[194] 朱翔，徐美. 湖南省省际边界中心城市的选择与培育[J]. 经济地理，2011，31(11)：1761-1767.

[195] 朱志萍. 西部中心城市发展方向研究[J]. 经济体制改革，2003(3)：85-88.

[196] Anderson J E, Wincoop E V. Gravity with Gravitas: A Solution to the Border Puzzle[J]. American Economic Review, 2003, 93(1): 170-192.

[197] Barjak F G, Heimpold. Development Problems and Policies at the German Border with Poland-Regional Aspects of Trade and Investment[C]. Discussion Paper, Institute for Economic Research. Halle. 1999.

[198] Barnett G A. Encyclopedia of Social Networks[M]. Thousand Oaks: SAGE Publications, 2011.

[199] Evans C L. The Economic Significance of National Border Effects[J]. American Economic Review, 2003, 93(4): 1291-1312.

[200] Elhorst J P. Matlab Software for Spatial Panels[J]. International Regional Science Review, 2014, 37(3): 389-405.

[201] Engel C, Rogers J H. How Wide is the Border? [J]. American Economic Review, 1996, 86(5): 1112-1125.

[202] Francois Perroux. A Note on the Notion of Growth Pole[J]. Applied Economy, 1955(1): 307-320.

[203] Friedman J R. Regional Development Policy: A Case Study of Venezuela[M].

Cambridge: MIT Press, 1966.

[204] Fujita M, Krugman P, Venables A J. The Spatial Economy: Cities, Regions, and International Trade[M]. Cambridge: The MIT Press, 1999.

[205] Getis A, Ord K. The Analysis of Spatial Association by Use of Distance Statistics[J]. Geographical Analysis, 1992, 24(3): 189-206.

[206] Giersch H. Economic Union Between Nations and the Location of Industries[J]. Review of Economic Studies, 1986(17): 87-97.

[207] Hanson G H. US-Mexico Integration and Regional Economics: Evidence from Border City Pairs[J]. Journal of Urban Economics, 2001, 50(2): 259-287.

[208] Hanson G H. Integration and Location of Activities-Economic Intergration Intraindustry trade and Frontier Regions[J]. European Economics Review, 1996, 40(2): 914-949.

[209] Helliwell J, Verdier G. Measuring Internal Trade Distance: A New Method Applied to Estimate Provincial Border Effect in Canada[J]. Canada Journal of Economics, 2001, 34(5): 1024-1041.

[210] Hoover E M. The Location of Economic Activity[M]. New York: McGraw-Hill, 1963.

[211] Krugman P, Venables A J. Globalization and the Inequality of Nations[J]. Quarterly Journal of Economics, 1995, 110(4): 857-880.

[212] Krugman P. Increasing Returns and Economic Geography[J]. Journal of Political Economy, 1991(99): 483-499.

[213] Lesage J P, Pace R K. Introduction to Spatial Econometrics[M]. Boca Raton, US: CRC Press Taylor & Francis Group, 2009.

[214] Manski C F. Identification of Endogenous Social Effects: The Reflection Problem[J]. The Review of Economic Studies, 1993, 60(3): 531-542.

[215] McCallum J. National Borders Matter: Canada - U.S. Regional Trade Patterns[J]. American Economic Review, 1995, 85(3): 615-623.

[216] Niebuhr A. The Impact of EU Enlargement on European Border Regions[J]. International Journals of Public Policy, 2008, 3(3): 163-186.

[217] Niles H. Border regions: A Critique of Spatial Theory and a European Case Study[J]. Annals of Regional Science, 1974(171): 1-14.

[218] Partridge M D, Rickman D S, Ali K, et al. Do New Economic Geography Agglomeration Shadows Underlie Current Population Dynamics across the Urban Hierarchy[J]. Papers in Regional Science, 2009, 88(2): 445-466.

[219] Poncet S A. Fragmented China: Measure and Determinants of Chinese Domestic Market Disintegration[J]. Review of International Economics, 2005(3): 409-430.

[220] Redding S, Sturm D. The Costs of Remoteness: Evidence from German Division and Reunification[J]. American Economic Review, 2008, 98(5): 1766-1797.

[221] Rauch J E. Increasing Returns to Scale and the Pattern of Trade[J]. Journal of International Economics, 1989(26): 359-369.

[222] Rose A K, Wincoop E V. National Money as a Barrier to International Trade: The Real Case for Currency Union [J]. American Economic Review, 2001, 91(2): 386-390.

[223] Tesar G L L. Border Effect or Country Effect? Seattle May Not Be so Far from Vancouver After All [J]. American Economic Journal Macroeconomics, 2009, 1(1): 219-241.

[224] Venables A J. Equilibrium Locations of Vertically linked industries[J]. International Economic Review, 1996, 37(2): 341-359.

[225] Wasserman S, Faust K. Social Network Analysis: Methods and Applications[M]. Cambridge: Cambridge University Press, 1994.

[226] Wei S. Intra-national Versus International Trade: How Stubborn Are Nations in Global Integration[R]. NBER Working Paper, 1996.

[227] Watts D J, Strogatz S H. Collective Dynamics of Small-world Networks[J]. Nature, 1998, 393(6684): 440-442.

[228] Wolf H. Intranational Home Bias in Trade[J]. The Review of Economics and Statistics, 2000, 82(7): 555-563.

[229] Yang B, Partridge M D, Chen A. Do Border Effects Alter Regional Development: Evidence from a Quasi-natural Experiment in China[J]. Journal of Economic Geography, 2022, 22(1): 103-127.

[230] Young A. The Razor's Edge: Distortions and Incremental Reform in the People's Republic of China[J]. Quarterly Journal of Economics, 2000, 115(4): 1091-1135.